ビギナーズ 日本の思想

三酔人経綸問答

JN099817

角川文庫
22974

目次

三酔人経綸問答　現代語訳

三酔人経綸問答　目次

三酔人経綸問答《さんすいじんけいりんもんどう》

南海仙漁 著

南海《なんかい》先生は生まれつき非常に酒好きで、また政治を論じることが大好きである。そして酒を飲むと、一、二本ばかり飲み干す場合、ほろ酔い加減で、気分がふらつき虚空を飛んでいるようだ。耳目は楽しんでこの世に辛《つら》いことがあるなど、まったく思いもよらない。

さらに二、三本飲むと、精神が急に高ぶって思想がしきりに湧きあがり、小さな部屋にいてもまなざしは全世界をつらぬき、瞬く間に遥《はる》か以前にさかのぼり、はるか未来を股《また》にかける。世界の進路を指し示し、社会の方針を講義して、「われこそは、人類の生き方の指南者である。世の中の政治音痴が、やみくもに舵《かじ》をとって船を操縦し、暗礁にあたる場合もあれば、浅瀬に乗りあげさせてしまう。自分だけでなく他人も巻き込むのは、まことに悲惨の極みだ」と自負してみせる。

南海先生はこの現実社会の地理を知らない

だが先生は、体は現世にあるものの、心はいつも仙人が住むという藐姑射《はこや》の山に登っていて、理想郷に遊んでいる。なので、先生が話す地誌や歴史は、現実社会の地誌歴史と単に名称が同じなだけであって、往々にして事実と齟齬《そご》することがある。ただ、先生の地誌にも寒い国もあれば温暖な国もあるし、強国があれば弱小国もある。風俗が文明もあれば野蛮もある。その歴史にも治乱盛衰があって、現実世界の地誌と歴史にきわめて当てはまることも、ままあるのである。

またさらに二、三本あおると、耳が熱くなって眩暈《めまい》がし、手足をばたつかせ舞いあがる。しきりに興奮し、最終的に昏倒《こんとう》して前後不覚になってしまう。二、三時間寝てから、酔いが醒《さ》めて正気になってみると、酩酊《めいてい》しながら言ったことやしたことは、すっかり忘れて覚えていない。俗にいう狐憑《きつね》きが落ちたようなものだ。

先生の知人や、先生の人柄を伝え聞いた者には、先生が酩酊したときの奇論を聞こうと相応の酒と肴《さかな》をもって先生の家を訪れ、ともに杯をあげてかなり酔ってきたところを狙い、わざと国政の話を持ちだし、先生の説を引きだして、ひと時の楽しみとする者が結構いる。先生自身も多少は自覚しているので、「自分は今度、国政のことを話すときは、ひどく酔う前に重要な論点は一つひとつ書いておいて、後日もう一度取りだして加筆し小冊子をつくれば、自分も楽しいし、他人も楽しませることができるだろう。そうだ、そうだ」と考えた。

近ごろ、けぶるような長雨が連日つづき、鬱陶《うっとう》しい気分でとても不快を感じる。たまたまある日、先生は酒を持ってこさせ、ひとり飲んでいて早くもふんわりとした境地に達した。そのとき二人の客があり、「金斧《きんぷ》」という銘柄の西洋ブランデーをもってきた。先生とは一面識もないし、また名前を知らなかったが、ブランデーを見るや否や、もう少し酔いが増した心地がした。

民主主義者と侵略主義者が南海先生を訪問する

そのうち一人は全身洋装で目鼻立ちが整い、体つきも立派、立ち居振る舞いはきびきびとし、弁舌さわやかである。恐らく思想の部屋に生活をし、正義の空気を呼吸し、論理一直線のまま突き進んで曲がりくねる現実の道に沿うことをよしとしない哲学者にちがいない。

もう一人は背が高く腕も太く、顔は浅黒く眼は落ちくぼみ、絣《かすり》の羽織に短い袴《はかま》をつけ、一見して大きなことを好み冒険を喜び、命という重たいものを餌として功名の楽しみを釣る豪傑世界の人種だと分かるだろう。

席についで挨拶《あいさつ》も終わり、おもむろにあの西洋ブランデーを傾け、客も主人も酌み交わし、しだいに盛りあがってくると、先生はひとりの客を紳士君と呼び、もう一人を豪傑君と呼んで、名前を聞こうともしない。客の方もまた笑ってわざわざ怒りもしない。

しばらくして洋学紳士が急に、「僕は以前から先生の高名を存じております。先生の学識は古今東西を兼ね、また貫くということですが、僕もまた世界情勢についてひそかに思うところがあります。できれば先生に一度ご批評をたまわりたい。

ああ、民主制度、民主制度。君主や宰相など専制制度は愚昧《ぐまい》であって、しかも自分でその過ちを自覚しておりません。立憲制度は欠点を自覚して、ようやく半分を改めたものです。民主制は志が大きく一点の穢《けが》れもない制度です。

ヨーロッパ諸国は、すでに自由・平等・友愛の三大原理を知っているのに、なぜ民主制度を採用しない国が依然として多いのでしょうか。なぜきわめて道徳の道義に反し、経済の原理に背いてまで国家財政をむしばむ多くの常備軍をたくわえ、むなしい功名を競うために、罪のない人びとに殺し合いをさせるのでしょうか。

文明の進歩で遅れをとる一小国が、まなじりを決しアジアの片隅から立ちあがり、一息に自由と友愛の境地に飛び込んで、要塞《ようさい》をこわし、大砲を溶かして軍艦を商船にし、兵隊を民間人にする。ひたすら道徳の学問をきわめ、工業技術を解明し、純粋に哲学の子となった暁には、文明を自負するヨーロッパ諸国の人びとは恥ずかしくなるのではないか。

海防は野暮の最たるもの

もし彼らが頑《かたく》なで、恥じ入らないばかりか、逆にわれわれが撤兵するのに乗じて、猛々《たけだけ》しく侵略する場合は、こちらは一切の武器も弾丸ももたず礼儀をもって迎えたならば、彼らはいったい何ができるというのでしょう。剣をふるって風を斬ろうとしても、いかに鋭い剣であっても逆巻きとらえどころのない風を斬れるわけがない。われわれはその風になろうではありませんか。

弱小国が強い国とかかわる際に、相手の万分の一にも足りない有形の武力をふるうのは、卵を岩に投げつけるのと同じでしょう。彼らは文明だと自負しています。ならばヨーロッパには、文明の基礎たる道義の心があることは言うまでもない。ならばわれわれ小国は、なぜ彼らが内心は憧《あこが》れながらも、実行できていない無形の道義で武装しないのでしょうか。自由を軍隊・艦隊とし平等を要塞となし、友愛を剣と大砲とすれば、天下無敵ではないでしょうか。

もしそうではなく、われわれがひたすら要塞をあてにし、剣と大砲をあてにし、兵隊をあてにした場合、相手もまた同じなので、要塞が最も強固で剣と大砲が一番鋭利で、最も兵隊の数が多い方がかならず勝つだけのことです。これは数理上の理屈であり、きわめて明白な理論です。何を苦労してこの明白な理論に抵抗しようとするのでしょうか。かりに、兵を率いてヨーロッパ諸国が我が国に来たとしましょう。土地は公共物です。彼らとわれわれは共存している限りは何の葛藤《かっとう》もないでしょう。彼らがもし田を奪って耕し、家屋を奪って入り、あるいは重税を課して私たちを苦しめるならば、忍耐力がある者は我慢するだけのこと、そうでない者はそれぞれ自力で計略をたてるだけのことです。

今日は甲の国にいるので甲国人であり、明日乙の国にいれば乙国人というだけのこと。世界の終わりがまだ到来せず、わが人類の故郷たる地球がなお存続する間は、世界万国みな我が宅地ではないでしょうか。」

「ああ、相手は無礼でわれわれには礼がある。相手には道理あらず、われわれは道理にかなっている。彼らの文明は野蛮で、われわれの野蛮が文明なのである。彼らが怒りで暴力をほしいままにし、一方のわれわれが微笑んで仁《じん》を守るとすれば、彼らはいったい何をわれわれに対してできるでしょうか。プラトンや孟子《もうし》やスペンサー、マルブランシュやアリストテレス、ヴィクトル・ユゴーはわれわれを何と評するでしょう。世界万国の見守る人びとは、これをどう論評するでしょう。ノアの大洪水以前は知らず、大洪水以後いまだこのような先例がないのは本当に不可思議なことだ。われわれが先例となろうではありませんか。」

アジアの小国から理想の大国現る

豪傑の客はこの言葉を聞いて、洋学紳士にむかって言った、「君はどうかしてしまったのか。どうかしている、どうかしている。大きな体をした男児が数多く集まって国家をつくりながら、一太刀も報いず、一発もお見舞いしないで、座して侵入者のために奪われ、あえて抵抗しないとは気でもおかしくなったのではないか。僕は幸いにもまだおかしくなっていない。先生もそうだ。他の同胞もまた大丈夫。どうして紳士君の言うように……」

南海先生が笑って言うには、「豪傑君しばらく待ちなさい。紳士君に話を終わりまでさせましょう。」

豪傑の客も笑って「いいですよ」と言う。

洋学紳士がまたつづけて言う、「およそ政治家をもって自任する者は、みな政治的進化の神を崇拝する僧侶《そうりょ》といえるでしょう。もしそうなら、単に目の前に関心を集中するだけでなく、将来に心を向けねばなりません。なぜか。それは進化の神が進むことを好み、退くことを好まないからです。そして進む際に、幸いにも道が平たんでまっすぐできれいなときは、誠によろしい。岩石がごろごろして車輪を妨げ、馬の蹄《ひづめ》が埋まるほど茨《いばら》が茂っていたとしても、進化の神はあまり気落ちもせず、さらにますます憤激し脚をあげて一蹴《いっしゅう》し、踏み越えて顧みもしない。頑迷な人びとが互いに殺し合い、街路を血潮で染めて、いわゆる革命の惨事となったときも、進化の神は当然の結果であるとみなし、少しもひるむことはない。

だから一身をこの神に捧《ささ》げる政治家、すなわち僧侶は、当然、あらかじめ岩石や茨を取り除き、進化神が怒り狂う必要がないように努力すべきである。これ進化宗の僧侶がなすべき仕事である。では岩石とは何だろうか。平等の原理に反する制度がこれである。茨とは何か。自由の道義に外れる法律がこれにあたる。

イギリス王チャールズ一世の時代、フランス王ルイ一六世の時代、宰相や大臣など権力を握っていたものが、広い視野と大きな度量で、すばやく時勢を察し、あらかじめ世の中の流れを考え、進化の神のために道路をきれいにすることを知っていたら、混乱を生み出すことはなかったでしょう。

ふりかえれば、イギリスの場合はそれ以前に教訓とする事件がなく、結局はじめてだったので、為政者があらかじめ準備することに気づかなかった。敗北の不幸となったのも、やはり致し方ないのである。しかしフランスの場合は一世紀前、近隣のイギリスで悲惨な革命の混乱があったのをみながら、平然と悟らなかった。姑息《こそく》でその場しのぎの政策にたより、歳月を浪費し、その場を糊塗《こと》し、混乱の兆候がすでに表れてきても、それでもなお病気を隠し、名医に依頼しなかった。ぐずぐずと躊躇《ためら》い、人びとに猜疑心《さいぎしん》をもたせ、どさくさで民情を憤激させた。最終的には前代未聞の災難が沸き起こり、首都は血で染めあげられ、フランス全土は戦場と化した。このようにさせたのは、はたして進化の神の罪なのだろうか。はたまた進化教という宗教に仕える僧侶の罪なのか。

それ以前のルイ一五世の時代、もしくはルイ一六世在位のはじめに、宰相や大臣たちがもし、数十年、数百年の未来にわが身を置いて一致協力したとしましょう。一つひとつ古い規則の弊害を取り除き、新しくて魅力的な企画をしていれば、ルイ一六世の晩年にはほんの一歩進んで民主平等の制度に入るだけで充分だったでしょう。ルイ王は悠然と議会に臨み、王冠をぬぎ、剣をとって、ロベスピエール以下の人びとに会釈して、穏やかな顔つきで微笑んで言うことでしょう、『皆さん、努力をしてください。私もまた市民になって国家のために力を尽くそう』と。

フランス王ルイ一六世は幸福になった

そして妻子をともない地方の地味豊かで、美しい山水に囲まれた景勝の地を選び、広大な田畑と邸宅をもち優雅に人生を終える。こうして気高く身を処し、身の引き際もよいとの美名を後世に遺《のこ》すことができたはずでしょう。

もう一つ付け加えると、フランスより先に、イギリスという手本がなかったとしたら、宰相や大臣は強く非難されることもなく、私の議論は迂遠《うえん》あるいは残酷でしょう。しかしはっきりした手本があるのに、手本とすることができず、前例があるのに革命の混乱に進んでしまった。当時のフランスの宰相や大臣は、好き好んで禍《わざわい》を後世に遺したと言うべきでしょう。進化の神を妨害した悪魔だと言えるでしょう。ルイ王を陥れた罪人だと言えるはずです。」

洋学紳士はさらに一杯あおって言うには、「まるで車は流れる水のごとく、馬は泳ぐ龍のごとく、男女ごった返す大通りを、山高帽をかぶり、ゆったりとした上着を着て、振り返りもせず駆け抜けてゆく。この人物、世を動かし人を治める才能をもち、君主を補佐して朝廷を走り回る宰相であろうか。あるいは生まれつき機敏でチャンスをうかがい、安く買ったものを高く売り飛ばし、巨万の富を得た者なのか。あるいはセルヴァンテスやパスカルすら超える文学と芸術の鬼才であろうか。いずれも違います。

この人は遠い祖先のなにがしが、軍旗を奪い、敵の大将を討ち取った功績があったために、爵位をうけ領地を頂戴《ちょうだい》し、ずっと高い身分で今日に至った。才能も学問もないが、墓中の祖先の骨が発する七光りをうけて、何もせずただ高い俸給をもらい、美酒を飲み、柔らかい肉を食べ、のんびりと日を送る。いわゆる貴族という一種特別の階級である。

ああ、国内のこのような者たちが数十数百もあると、たとえ立憲制度を設け多くの人民が自由の権利を得たとしても、この時点で平等の大義が不完全なのだから、自由の権利は本物ではありません。なぜなら私たち人民が朝夕苦労して得た所得のいくらかを納税するのはやむを得ないとしても、行政の事務を委託する役人を食わすだけでなく、彼ら無能の貴族まで食わすのなら、それは真の自由ではないのです。

王侯貴族は脳みその量がはたして私たちよりも多くしかも重いのか。胃液の分泌や血球の発育が多いと言うのか。骨相学で著名なドイツ人医師・ガルに、頭脳を判定してもらったならば、区別がつくとでもいうのでしょうか。もし区別できたとして、果たして貴族に利益となるはずのものか、あるいは私たちの利益になるはずの結果でしょうか。人類は前脳が発達し、動物は後脳が発達していると聞いたことがある。もしそうなら……貴族は生まれたとき錦《にしき》を着ていて、私たちのように裸ではないとでもいうのか。死んだとしても骨と肉は腐らないとでもいうのか。土に還《かえ》らないのだろうか……

もし百万人の国民のうち三人の貴族がいる場合、九十九万九千九百九十七人は、この三人のために自己の尊厳の幾分かを傷つけられざるを得ない。これまた数理上の理屈できわめて明白なことだ……

私たち人民も貴族も、みなわずかの元素から成る同じ肉塊にすぎない。同じ肉塊なのに、出会うとわが肉塊は頭をさげ敬意をしめし、貴族のほうは直立して多少頭を上下させるだけである。話をする際には私たちは貴族に英語では「サー」と言って敬意を表し、または「モン・セニョール」と表敬する。どちらも君主という意味です。ではあちらの肉塊は、わが肉塊を何と呼ぶでしょうか……無礼極まりないじゃないか。恥ずべきも甚だしい。

古代なのか、近世なのか。何千年前か、何百年前なのか。何の年だったか、何の月だったか、何の日だったか。当時、賢者がいて仁者がいた。才能ある者、有能な者がいた。結果、その人物は公爵や侯爵、伯爵や子爵、男爵などになった。彼らは賢く、仁があり、才能と知恵をもち有能であった。だから子々孫々、何十代にもわたりみな才覚をもち凡人より優れている。将来の子孫もまた当然、凡人よりも優れているであろう。これが遺伝の論理であり、杜撰《ずさん》な推測ではありません。だからまた、みな公爵、侯爵、伯爵、子爵、男爵になって凡人の上にいるし、将来の子孫もまた凡人の上にいるのが当然である。これは遺伝の原理に適した制度なのだ。不正の制度ではないのである。あなたはまだダーウィンやヘッケルの生物遺伝の法則を知らないのか……以上のような話はお笑い種《ぐさ》だ。

われわれ数千万、数百万は公爵でも侯爵でもないし、伯爵でも子爵でも男爵でもない。あなたはまだその理由がわからないと言うのですか。私たち数千万、数百万の先祖はきっと皆賢くなく、仁もなく、無能であった。だから皆、爵位をもたなかったのだ。だからわれわれもまた爵位をもたない。これこそ遺伝の原理なのだ。われわれ数千万、数百万がどれだけ爵位に就きたいと願ってても遺伝の原理をどうすることもできない……なんて馬鹿な話だ。

でも、およそ物事の道理はすべて規則に基づく原理と、規格外の原理がある。だから父や祖父、もしくは曾祖父《そうそふ》や十代、百代前の先祖が、賢くなく、仁もなく、能力もなかったために貴族になれなかったとしても、子供や孫、ひ孫、ずっと後の子孫が堅実で仁もあり、能力もあることはいくらでもあり得る。だから新しく貴族になることも時としてある。これがいわゆる規格外の原理というものだ。今日の学問ではまだ解明できないのである。解剖学や生理学、動物学や化学が、一層精密さを増すときは、この規格外の原理も他日必ず解明することができるだろう。だからあなたが平等の大義を唱えたいと思うなら、まず物の道理を研究しなさい……くだらない。

八公、熊公のために大気炎を吐く

腕に緋鯉《ひごい》の入れ墨をして、背中に青龍の彫り物をしている。衣服を脱いで両足を投げ出して座り、得意げな顔つきの者は、あぐら家に住むごろつきだ。野蛮なごろつきだ。彼らは八《はち》や熊《くま》という名前に満足できず、必ず緋鯉の八とか青龍の熊とか呼ばれた時の喜びと言ったらない。公爵や侯爵という爵位もおなじで、無形の入れ墨ではないか……一方は形ある入れ墨、だから野蛮であぐら家だ。一方は無形の刺繍《ししゅう》だから文明だし邸宅に住める。それはわかる。でもすでに苗字《みょうじ》があるのに爵位を添えるのは、すこしあの緋鯉の八と青龍の熊とに……彼には国に功労があったと言うんだろう。でもその職にあって功労があるのは当たり前のことじゃないか。常日頃、給料をもらっているではないか。驚くべき功績があると言う。ならばなぜ大金をあたえて褒めるのではなく、近ごろ流行もしない彫り物を施して天からあたえられた体を傷つけるのか。」

南海先生もまた酒を一、二杯あおって言うには、「紳士君の発言はとても卓越しているように思えるけど、バラバラで前後の脈絡がないのはどうしたもんだろう。」

洋学紳士が言うには、「先生の高いご見識で、僕の錯綜《さくそう》した話から取捨選択し、教えるべきところは御教授ください。もし通常の論理に則《のっと》れば、わかりきった冒頭から説き起こさねばならないので、おそらく先生のお耳を汚すまでもない話になってしまう。」

南海先生は否定して、「とんでもない。論理に則り順序立ててお話しください、私は後日、一冊の小冊子にしようと思っているのですから。」

そこで洋学紳士は次のように言った、「そもそも現在のヨーロッパ諸国の情勢を見てみますと、イギリス、フランス、ドイツ、ロシアの四国がもっとも強勢で、文芸は美しく学問は精緻《せいち》で、農業・工業・商業も盛んです。物資はゆたかで、陸上にはいく千万の精鋭部隊が駐屯し、海上には数千の頑強な艦隊が列をなしている。龍が伏し、虎が躍りでるような勢いは、古来、今日ほどの隆盛はありません。そしてこの盛況な勢いを引き起こし、豊かな富を醸しだすその根源は、もちろんいろいろあるでしょうが、要するに自由の大義これこそが、この大伽藍《だいがらん》の基礎をなしているのです。すなわちイギリスが富強なのは、昔の皇帝が遺した業績によるものではあるが、ここまで大いに発展して力強くなったのは、チャールズ一世の時代に自由の波が逆巻いて、因習の堤防を打ち壊したからです。有名な大憲章がその間に出現した効果はもっとも絶大でした。

またフランスの場合も、ルイ一四世の時代に、軍隊の威光をしめし、文芸の光を放ち、時代の栄誉をほしいままにしたものの、要は専制社会の穴蔵で蒸しだした黴《かび》の花にすぎません。本物の強勢を確実にしたのは、かの一七八九年革命の偉業の賜物《たまもの》と言わざるを得ません。

またドイツでも一八世紀に、プロイセン王のフリードリヒ二世が勇敢に周辺諸国を武力で圧倒して以来、次第に勢力を強めてきたが、フランス革命の趣旨がまだ浸透する以前では、国がバラバラに分裂してまるで縄のほどけた薪や秣《まぐさ》のようであった。しかしナポレオン一世が共和国指揮官の職名を帯びて、革命の旗を翻し、ウィーン、ベルリンにまで進出すると、ドイツ国民ははじめて自由の元となる気を吸い、友愛の滋養液を飲んだ。それ以来、情勢は一変し、風俗も改まってどんどん今日の盛況を達成しました。ロシアについては広大な領土をもち、兵馬の多数なのはもちろん世界に冠たるものがありますが、文物制度では他の三国に遠く及びません。これは圧政の名残と言わざるを得ません。

漢学先生、心機一転の一言を

人生のあらゆる出来事は、例えるなら酒のようなものです。自由は酵母のようなものです。葡萄酒《ぶどうしゅ》やビールの材料がどれだけ良いものであっても、もし酵母がなければ、材料はすべて桶《おけ》の底に沈澱《ちんでん》してアルコールを発酵させようとしてもできません。専制国家の物事は、すべて酵母のない酒です。すべて桶の底の沈澱物です。試しに専制国家の文学と芸術を見てごらんなさい。あるいは見るに値するものがあるようですが、よく観察すると、千年たっても一様で、多くの作品も似たり寄ったりで変化に乏しい。作者が見聞する現象はみな桶の底の沈澱物にすぎないから、作者もまた沈澱した精神でそれを模写するだけなのです。変化がないのは当然ではないですか。

あるいは人はこう言うかもしれません。『国家が富強なのは、財政がゆたかだからである。財政がゆたかなのは学術が精緻だからである。なぜなら物理学や化学や動植物学や数学が、その成果を取り入れて実際の工業に応用し、時間と体力を節約する。その得られる生産物は多くしかも精緻であり、手で直接つくったものに勝っている。

これが、国家がゆたかになる理由なのだ。国がゆたかになれば強い軍隊をつくり強固な軍艦を建造し、すきを見て出征し、領土を拡張し、遠くアジア、アフリカの土地も領有し、移民を送り込んで市場を設けさせる。現地の産品を安く買いたたき国内の物産を高く売りつけ、巨額の利益を得る。工業はますます盛んになり、販路はますます拡大して、陸海軍もまたこれにあわせてどんどん強大になっていくのは自然なことです。自由の制度など無関係なのだと。』

ああ、これこそ一を知って二を知らない者です。人間の事業はすべて関連して互いに因果をなしていますが、細かく考察すると、その間には必ず真の原因が存在するものです。国家がゆたかなのは学術の精緻に由来し、学術が精緻なのは国家がゆたかなのが原因で、この二つは互いに因果関係にあるのは言うまでもない。しかしながら、まず学術が精緻になったのは、結局のところ人間の知識が伸び広がったからです。ところが一旦《いったん》知識が広がると、人間は学術上のことだけに開眼するのではなく、制度上でも蒙《もう》を開かれるのは必然の道理です。よって古来、どこの国であれ、学術が進んだ時代は必ず政治思想の盛んになった時期なのです。学術や政治思想は、一つの知識の幹から発生した枝葉であり果実だからです。

いったん知識が発達し、政治思想が盛んになるやいなや、自由主義はにわかにあらゆる事業の大目標となって、学者や芸術家、農工商人など仮にも事業に携わる者なら、皆思うがまま己の思想を伸ばし自分の意志を通して、束縛されたくない。この思いが日夜去来して取り除くことはできないのです。

その際、もし上の地位にある人が時代の流れを見通し、人情を把握し、権力や権勢をもとめ貪《むさぼ》るいやしい考えを取り除いたとしましょう。民間の志ある者が先頭に立ち、古い障害を取り除いて自由の空気を通したとしましょう。すると社会組織はたくましく活動し、老廃物は自然と排出されて、新鮮な滋養液がおのずと吸収されて、学者はますます議論を精緻にしようと思い、芸術家はますます意匠を凝らそうとし、農工商人などあらゆる人も皆一層仕事に励むでしょう。上下ともに利益で潤い、いわゆる巨万の富を得られるのは自然の勢いというものです。だから私は、先ほどの人の議論を、一を知って二を知らないと言ったのです。

しかも世界の大勢は、進むことはあっても退くことはありません。これは物事の不変の道理です。これは古くギリシアで学者たちが早くから推測していたことで、たとえばヘラクレイトスが流れを渡ろうとしてまず一歩を踏みだした途端、ため息をついて『私が今、踏んだ水はすでに遠くに流れ去ってしまった』と言ったのは、まさにこの道理に感動したからです。ただ当時は、実験の方式はまだ整わず、学術もやはり幼稚だったので、言うことが結局は大袈裟《おおげさ》なありさまになってしまったのですが。

その後、一八世紀のときフランス人のディドロ、コンドルセなどは、とりわけ人類社会でこの進歩の道理がつねに行われ、絶え間ないことを発見しました。さらにフランス人ラマルクが出るにおよんで動植物を研究し、はじめて人間だけでなく各種のもののすべてが世代に従い変化すること、長期間一定の種類に留《とど》まらないという説を唱えました。それ以来、ドイツのゲーテ、フランスの動物学者ジョフロアなどが、ラマルクの説を発展させて次第に精緻にしていきました。イギリス人のダーウィンになると、その博学と深い見識にくわえて実験方法も精密をきわめ、生物が親から子へ代々変化する法則を発見し、とりわけわれわれ人類の祖先の出どころを決定して秘密を暴きました。それ以来、ラマルク以下の学者が想像し見破った進化の原理がはじめて大々的に世のなかに表明されたのです。そして世界のあらゆるもの、太陽、月、星や河、海、山や動植物、昆虫から社会、人事から制度や文芸など、ことごとくこの進化の法則に支配されており、少しずつ少しずつ前進しつづけるのは疑いようがありません。この点をもう少し細かく説明いたしましょう。

そもそもいわゆる進化とは、不完全から完全のかたちにむかい、不純な状態から純粋な状態になる、このことを言います。これを一般的に言うと、はじめは醜いものが最後は美となり、以前は悪かったものが後にはよくなるという意味です。動物という種類では、はじめいくつかの元素が混ざり合って粘着質の塊りを形成し、消化器や呼吸器などの構造はなく、ただもぞもぞと伸縮し、全身の表面から食物を吸収し、また背面からカスを排泄《はいせつ》してどうにか生命を保持していました。それが外界の元素同士の刺激と、細胞組織自身の成長力とがお互いに接触しあって、肺や胃を生みだし、さらに大いに進歩すると頭脳や脊髄《せきずい》といった霊妙なるものから鋭敏な神経繊維にいたるまで、あらゆるものを備えるようになります。以上は動物的進化の原理のあらわれです。

人間世界もやはりこれと同じです。はじめは洞穴に住んで野宿し、物を拾って食べていた。水は掬《すく》い飲みし、男女の性交はあっても夫婦のちぎりはありませんでした。しかし次第に木をわたし、石を積み上げて家屋をつくるようになる。狩猟をし、耕作をして、男は外で働き、女は家事を営んで子や孫を育てるようになったのは、人間界の進化の法則のあらわれです。

政治の観点で言えば、はじめ強者は弱者を凌《しの》ぎ、智者は愚者をあざむき、脅迫圧迫して主人となり、弱者は畏縮《いしゅく》し服従して奴隷となった。ある者が倒れればある者は起こり、乱れて落ち着かず統一がない状態、無制度の世の中でした。やがて人びとはみな争いを嫌って落ち着いて生きることを望むようになると、徳のある人材がでてきて民衆の心をつかみ、君主として立つようになった。あるいは強くて計算高い者が民衆を丸め込み、自分から名乗りでて君主となり、その後、政令を発して一時的に治安を維持した。これがいわゆる君主専制政治であって、政治的進化の法則の第一歩です。

この種の制度には、君主と家臣、官僚と民衆双方が乖離《かいり》しないように結びつける形なき仕掛けがあります。以前はおもに目に見える腕力で主人と奴隷の関係を一時的につないでいましたが、そういうものではない。もう一歩進んだ関係であると言えるでしょう。ではいわゆる形なき仕掛けとは何でしょうか。それこそ君臣の義のことです。これは必ずしも私的な人為によってすべてできているものではなく、多少の慈愛心と多少の恩義を感じる心が互いに結びついてできたものである。君主は慈愛心を下の者たちに施し、人びとは恩義の心を上の者にわたすことです。だから上の慈愛心と下の恩義を感じる心の分量が増えれば増えるほど、君臣の義は重くなり上下の交流もますます強固になります。大陸の夏《か》、商《しょう》、周《しゅう》および漢《かん》、唐《とう》などの初期の政治がまさにこれにあたります。

ただこの制度には大変に困った病根があるのです。それは人びとが上に感じる恩義の心が、結局は君主が下に施す慈愛心の反映にすぎないので、君主の慈愛心が一目盛り減ると、人びとの感じる心の量もまた一目盛り減ってしまう。その早いこと、打てば響くようなものです。ところが、君主の慈愛心の多少はもともと一個人の資質に属するものなので、不幸なことに、君主の能力が生まれつき劣っていると、家臣たちがどれほど思うことを隠さず諭し、教え導こうとも、まったく効果がありません。君臣の義は途絶し、混乱と滅亡の禍が生まれてしまうのです。夏、殷《いん》、周の三代、漢、唐の末期がこれにあたります。

しかもたとえば天の恩寵《おんちょう》で君主が代々すばらしい資質を持ち、慈愛心を下の者に施すことが多くなり、その反映が効果をあらわして人びとも代々恩義を感じることがますます多くなるとしましょう。また、きわめて長い間、和らいだ治世を保つことができたとしましょう。するとさらに恐るべき大きな病理が生じるのを目撃することになります。何かと言うと、人びとは仕事をして生計をたて、その幾分かを政府にわたし、これで国家への義務は全部肩の荷をおろしてしまう。政治に無関心になり、学者は文章を飾ることを考えるだけ、芸術家はただ技術を巧みにすることだけ、農工商人は利益を増やすことだけを思うようになり、そのほかに何の関心もない。そうして脳髄の働きが次第に萎縮《いしゅく》してしまい、五尺の体は単なる飯袋にすぎなくなってしまう。つまり学者の文章、芸術家の作品、農工商人のなりわいも、結局は前に言った桶の底の沈澱物となって、生気はないし変化もなく、国家全体がモゾモゾ、ヌメヌメした肉の塊りになるだけのことです。

しかも私たちの先祖が皆こぞって君主の統治下にはいり、あらゆることを託して指令に従ったのはほかでもありません、彼らが無知で自分自身の主人となって、生計を立てることができないからです。だから所有する権利を一時的に放棄して安定をはかり、後日子孫たちが知識をだんだん身につけるのを待って、自主の権利を回復してもらおうと考えたのです。その当時、君主と人びとのあいだにこのような明確な契約はなかったものの、深意を問えば必ずこうならざるを得ないのです。にもかかわらず、長年の因習によって、君主は、一時的に私たちの先祖から受け取った権利を持ったまま、一向に権利を返そうとしません。もとから自分のものだと思っている。だから私は、君主と宰相の専制政治はおろかで、無礼に気づかないと言っているのです。

試しに世界各国の歴史を紐解《ひもと》いて、建国のはじめから数百年、数千年の政治的旅路の航路を見てください。混乱の時代から抜け出て進化の原理が第一歩の段階に入ったことで、アフリカの野蛮な人たちを除く、他は、すべて専制政治になりました。ただアジア諸国の人びとは、一旦、この段階に入って以来、長い間とどまり進むことができない。ヨーロッパ諸国でははやいところでは一七世紀から、遅くとも一八世紀には第一段階からさらに第二段階に入りました。これすなわち東西文明の段階がちがう理由です。

ああ、進化の原理！　進化の原理！　飽くことなく前進しつづけるのは、あなたの本性だ。あなたが以前に、あなたの子供たちを駆り立て、無秩序の荒野を去って専制政治の峡谷に入り、しばらく休ませた。そして体力と気力が十分になるのを待って、さらに駆り立てて立憲政治の広々とした丘の上にあがった。ますます眼を拭《ぬぐ》い、胸を洗い流し、さらに視線を転じて仰ぎ見れば、緑の木々が天にせまり、雲は横並びとなり、鳥たちがそのあいだでさえずりあっているのが見える。これこそ民主制度の絶景の峰である。この峰の優れた風景は、後にさらに詳しく述べることにしましょう。

ああ、進化の原理！　進化の原理！　ギリシア、ローマが盛んだった時代、自由の制度はきわめて整備されたが、奴隷制度があったため、あなたはまだ大いに光り輝くことを望まなかった。近世になって最初にあなたに慎んで仕え、崇敬したのは実にイギリスであった。あなたがアングロサクソンを可愛がり大ブリテンに降臨してから、この国の人びとは競い合って心気を鼓舞し、自由の旗を翻して大声をあげて突進し、チャールズ一世の血がひとたび刑場にほとばしると、かの燦爛《さんらん》たる憲章の偉大な文字が光を世に放ったのです。

ああ、進化の原理！　進化の原理よ！　あなたはもともと温厚で、人を殺すようなことはしませんが、感情の高ぶりを、あなたもまたどうしようもありません。古いものに拘泥し、新規をおそれ、頑迷で進もうとしない人情を前にしては、あなたもやむを得ず蹴《け》り倒して立ち去るしかない。もちろん私はあなたを咎《とが》めなどしません。

いわゆる進化の原理の第二段階とは何か。立憲制度がこれにあたります。」

洋学紳士はふたたび杯をもって一気に飲んで、南海先生にむかって、「こうした陳腐きわまりない議論は、恐らく先生に吐き気をもよおさせるでしょう」と言うと、南海先生は、「いや、ヨーロッパ諸国では陳腐な場合でも、アジア諸国にとってはまだとても新鮮な感じがします。飽きずに最後まで論じてくださいよ。」

そこで洋学紳士がつづけて言うには、「立憲制度においても、君主や宰相による専制制度とおなじく、君主は皇帝あるいは王と称して、代々相続して人びとの上に君臨していた。また華族や貴族もいて、公爵や侯爵、伯爵と称し、子爵や男爵と名乗って、世襲し、君主を囲んで守っていたこともまた、専制国家とおなじでした。ただ、立憲国においては、五つの爵位は多くの場合、個人および家の光栄を示すにすぎず、その爵位に与えられる利益は上院議員のなかに入るだけに限定されている。広大な領地と莫大《ばくだい》な資産を持っているのは、彼ら自身が運営して得たものですから、他の農、工、商人たちが自分で成長し巨万の富を蓄えるのとおなじことなのです。専制国家の貴族が、座して庶民の生き血を吸って私腹を肥やすのとは違います。これもまた、立憲国が専制国家に比べて大いに優れている理由です。

しかも専制からぬけ出し立憲制に入ってはじめて、人間は独立した身となることができます。なぜか。参政権、財産私有権、事業を選択する権利、信教の自由などの権利ばかりでなく、そのほか言論や出版の自由、結社の自由など、およそこれらの諸権利は人間ならば必ずもつべき権利なのであって、すべてを備えてようやく人間の名に値するからです。たとえばある人が、首はあるが手はなく、または手はあるが足がないとしたら、それは不自由の人と言わざるを得ません。諸権利をもたない人は、精神が不自由なのです。だから立憲制では、人びとは人望のある人を投票によって選び代議士にします。そして立法権を託します。いわゆる議院のことです。なので、議院は全国民の意志が宿るところであって、総理大臣や大臣は議院に従属し、各種の事務を分担するにすぎません。よって立法権つまり議院は、人びとのために事務を委託する主人であって、行政権つまり総理や大臣は、その委託を受けて事務処理をする使用人にすぎません。人びとは代議士を選出して政務を監督する権利をもっている。そのほか天賦の諸権利をもっていることは言うまでもありません。

以上、論じてきたことから考えると、政治的進化の原理の第一歩の境地、すなわち君主宰相による専制と、第二歩の境地である立憲政治は、非常にへだたりがあるではないか。専制国家では、人類と称すべきものは王侯と貴族だけであって、そのほか百万の生き物はみな精神的に不自由な飯袋にすぎません。私たち人民が苦労して働いて財をなしても、王侯貴族がもし財産がとぼしいか、ふいの出費が必要なときは、ほしいまま法令を定めて租税を徴収し、その用途がはたして私たち人民に利益があるのかどうかは、はじめから明示もしません。これまさに、直接私たちの財産を奪い去るのとおなじです。私有権などあったものではない。私たち人民が職業を選択しようとしても、煩雑な規則があって自由にはできません。これは直接身体を束縛するのとおなじことです。職業選択の権利などありません。宗教については心と脳を圧迫し、言論にかんしては唇と舌にカギをかけ、出版しようと思ったとたん、手と腕をおさえてしまう。結社しようとすれば、情熱も意志も抑圧される。例えていうなら、まるでたまたま道端に生えた草のようなものです。芽をだして根を張ったとしても、踏みつけられ、抜き取られて、途中で枯れて死んでしまう。何の自由があるというのでしょうか。

ああ羨ましいことよ、ああ気の毒なことよ

しかもこういう国では、官僚として生きることが尊く、民間に生きることが卑しいとされ、仕官し官僚となった者はもちろんのこと、市井で事業に携わっている者でも、もし規模を拡張し大きくしようと思う場合、必ず官僚のおかげを被らねばなりません。農、工、商業そのほかあらゆる生業を営む者、また田畑がひろく店が大きく、工場が立派で使用人が多い者、彼らは必ず陰に陽に官僚から私的な恩恵の滴を頼み込んでもらい受けている。このことは問いただすまでもない。その滋養液で潤っていることがわかります。また文芸を誇りとする者や工芸家として自負するような者は、最も権力世界とは交渉がなさそうに思えるが、細かく観察してみると実はそうではない。ある場合は実際に仕官し、ある場合は暗に謁見できるよう門番に頼み、お世辞笑いをして媚《こ》びへつらい愛を買う。そうでないと華麗な文体、美しい韻律、高度な技術いずれもかないません。

ああ、官僚はまるで心臓のようなものです。強靭《きょうじん》な髪の毛や歯であっても、血液の養分を得なければ、たちどころに抜け落ちるだけのことです。

文学者、芸術家ですらこのようなので、役人官僚にいたっては、はたしてどんな状態でしょうか。昔の人が言うところの、朝廷から官職を受けて、個人宅にお礼伺いにゆく。夜は憐《あわ》れみを乞《こ》い、昼になると人に威張る。これまさに彼らの状態を写し取った言葉ではないですか。人びとが自身を尊敬し、自己を重んじて、決して卑屈にならないことが男子たるものの節操ではないですか。しかし現在の役人官僚の状態を見てごらんなさい。自尊の気概も自重の意志もありません。男子の節操もない。もし自尊の気概と自重の意志があり、男子の節操を守るならば、一日も官職にあることはできません。朝にはげしく抗議すれば、夕方には官職をやめさせられる。俸給がもらえないと、一家数人の者が生きていく手段がない。自分が寒さと飢えのために死に、しかも家族を死なせるよりは、首をかがめて口を閉じ、妻子と団欒《だんらん》して新鮮なものを食べ、軽くて暖かいものを着る方がよいに決まっている。最も分かりやすい論理法則ではありませんか。どうして激しく昔流の、今は流行《はや》らない人物を真似する必要がありましょうか……あなたは以前ある役所にいてある職務に服し、その後は某庁にいって某官職をしていた。あなたは官僚の世界を長いこと泳いできた。なのになぜ、あなたは愚かで子供臭さを脱することができないのか……

ところが、専制政治のもとに生きる人で、本当に失笑噴飯させるようなことが一つある。これは実に失笑噴飯ものなのだが、しかし事実なのであって、しかも心理学に照らしてもきわめて合理的で、必ずそうならざるを得ないのです。それは何か。彼らは人に媚びへつらい、浮ついて口が巧みで、卑屈であることを恥じないし、気にしません。自分と地位がおなじでまだ面識のない者と面接したり、もしくは地位が下の者を遇する時は、なんとまあ驕《おご》り高ぶることか。身をそっくり返して立ち、顔はそっぽを向いて横目でにらみ、相手が十言を言うと自分はゆっくり一度だけうなずく。相手が大笑いすると自分はわずかに微笑して、度量の広さが全くありません。重々しさと威厳を装いたいとの思いからしたのだとしても、そもそもが驕って喜んでいるのです。先ほどの卑屈の状態とは似ても似つかず、まったくの別人ではありませんか。いや、そうでもないのです。

言いたいことを言い、したいことをして自由にのびのびすること、これが男子たるものの本性でしょう。なのに、彼らは、はじめは本性と感情を抑え込んで自分を押し殺し、あえて軽々しく自分をだしません。長年そうしていると、知らず知らずのうちに媚びるのが上手になり、口が巧みになる境地にいたります。でも、本来の性格を最終的に消し去ることができません。だからもし感情を露《あら》わにして問題ない時期がくると、一転して傲慢《ごうまん》な態度となって常日頃の卑屈の代償を得ようとするだけのことなのです。これは自然な心理の動きです。したがって西洋人が言うには、自由国の人たちは温厚で他人と争うことがないが、専制国家の人たちは、傲慢で驕り高ぶるのだ、と。本当に真実です。

こういう風に見てくると、自由制度は単に人びとの生活、衣食、事業運営によいだけでなく、人びとの心を高尚にさせることは否定できない。ああ、自由よ、あなたを棄てて、いったい誰のもとに身を寄せればいいでしょうか。

ですが、政治的進化の原理を推し進めて考えた場合、自由だけではまだ完全な制度をつくることはできない。さらに必ず平等が得られて、はじめて完成することができるのです。なぜなら、人びとが皆あらゆる種類の権利をすべて備え、またその権利の分量においても、人によって多い少ないの差別がなくならないと、権利の量が多い者が自由の分量も多くなってしまい、権利の量の少ない者は自由の量もまた少なくなってしまうのは、不可避の勢いだからです。なので平等かつ自由なこと、これが制度の原則なのです。立憲国において君主と五つの爵位を設けているために、国民のなかである種の高貴なものがさらにあって、他のものとはっきりと区別されているのは、結局は平等の大義が欠けているのです。立憲国は、自由の主義に必ず従うべきものであることを知っており、憲法を規定し、法律を定め、人びとの権利を擁護して侵犯させないようにしています。自由の原理を達成しているといわれる所以《ゆえん》です。しかし、国民の中から若干名を選びだし、いわゆる爵位と称する形なき入れ墨を彫って、他のものの上に置き、平等の原理を侵害して改めることができない。先の政治的進化の原理は、この場所に留まったまま終わることはできないでしょう。だから僕は言うのです、立憲制度は自分の間違いに気づいてわずかに半分を改めた制度なのだ、と。

一七世紀になって、イギリスは他の諸国に先立ち自由の制度を確立して大いに国の栄誉を輝かせました。しかし国民の性格は落ち着いており、重々しいので、一挙に旧来の慣習から脱却し、新しい制度にすることを好まなかった。変わらず王制を守って今日にいたります。しかしよくよくイギリス政治を考察してみると、名は立憲君主制と言いますが実際は民主国とほとんど異なることはない。君主が持っている二、三の特権を除けば、民主国の大統領との違いは、ただ世襲制があるのみです。以上から西洋の学者が政治制度を論じる場合、往々にしてイギリスの政治制度を民主制度の中にいれて、アメリカ合衆国およびフランス、スイスの諸国とおなじものだとするのは、このためなのです。

ですが、名誉は徳に伴うべきである、と『荘子《そうし》』にもあるように、実質があって名があるのはよいですが、実質が伴わずに名ばかりなのは、道理にかなっておりません。まして王室が人びとの上に厳然と君臨し、世襲をしている。また五等の爵位を設けて、これまた世襲で、平等の大原則が未完成である。こうしたことから、イギリス人で聡《そう》明《めい》かつ理想主義の者は、さらに一歩を進め、自由の原理のほかにさらに平等の原理をあわせもつことによって、民主制度になることを望むものが大変多い。これは不思議なことではありません。なぜなら人類とは、他の動物と比較した場合、進化の原理に最もすばやく順応し、学者論客はほかの人間に比べて、さらに迅速にその進化の原理にしたがうからです。民主制はまさに政治的進化の原理にかかわる第三段階の境地だからなのです。

立憲制度は、整備されていると言えばいえるが、やはり表向きはわからないが、かすかな頭痛を覚えさせる点がある。私はその原因を知らないが、知らないとはいえ、現に頭痛はある。これはまるで酷暑の日に薄着をして頭に重い鉄の帽子を被《かぶ》っているようなものです。

民主制よ、民主制よ！　頭上にはただ青天があるだけだ、足元にはただ大地があるのみだ。気分は爽快《そうかい》で心から迷いは消え、はじめもなく終わりもないので、永遠は永遠であり、前後何十億年なのかも知りません。内と外の区別もないので、大空はただひたすらに広く、左右どこまで広いかを知りません。精神と身体をもつものはすべて人間です。ヨーロッパ人とアジア人の区別などありません。ましてイギリス、フランス、ドイツ、ロシアの区別、インド、シナ、琉球の区別などありましょうか。ところが、今必ずイギリスといい、ロシアといい、ドイツというのは、その国王の所有地の名称です。人びとが独立し支配されない場合、国の名称は単に地球のある部分を指すだけのことでしょう。だから私は何国人だというのは結局、地球のある部分に住んでいるものだという意味である。私と他人との境界はありませんし、敵対的な意識を生むこともありません。一方で、国に一人の主人がある場合、国名は主人の屋号であり、だから私が何国人というのは結局、その国王の臣下であるという意味です。私と他人との境界はあるし、敵対意識も生じるのです。地球の各部分を引き裂き、居留民相互の心を隔ててしまうのは王制が遺した禍なのです。

民主制！　民主制！　甲国とか乙国とかいうのも地球を区分して便宜的に呼んでいるにすぎません。居留民の心を隔てるものはなく、世界人類の智慧《ちえ》と愛情は混ざりあって、大きな円を描くのが民主制なのです。

立憲制は悪くはない、民主制はよい。立憲制は春のようであり、まだ少し霜や雪の気配がある。民主制は夏であり、霜や雪はもうない。大陸の言葉を借りて言えば、立憲は賢者であり、民主は聖人である。インドの言葉で言えば、民主は如来《にょらい》であり立憲は菩薩《ぼさつ》である。立憲は貴ぶべきであり民主は愛すべきである。立憲は宿であり、早晩必ず去らねばなりません。立ち去れない人は歩むことが困難な人です。民主制は住宅です。ああ、長い旅をして家に帰る者は、なんと安心することか。

自答して笑いながら、漢文のカスだと言う

フランスはイギリスに比較すれば、やや遅れて自由へ歩み始めました。しかし一足飛びに民主制に進んだのは本当に偉大です。イギリス人は知的でフランス人は情熱的です。イギリス人は沈着で、フランス人は苛烈《かれつ》です。イギリス人がいったん進歩の道を進むときは、迷うことは二度とありません。フランス人は進むことは早いですが、退くことも鋭敏です。ああ、フランス人は本当に退却したのでしょうか。ルイ一六世を斬首《ざんしゅ》し、その熱き血潮を汲《く》みとりヨーロッパ諸国の王の頭上に降り注ぎました。着るものも履くものも、兵力も兵糧がなくなっても奮闘前進し、人びとは頭上に平等の大きな光を戴《いただ》いた。敵の弾丸でも刀でも、それを傷つけることはできませんでした。一瞬にしてあらゆる諸国の制度を変えてしまい、平等の制度にしようとしたのは、狂気に近いことだ。ナポレオン一世があらゆる試みと戦いに勝利し、プロイセン、オーストリア、ロシア、イギリスの軍隊が抵抗できなかったのは、その戦略が奇抜だったことにもよりますが、そもそも当時のフランス人が平等という熱病にかられて、その身体と精神が普通の人間をはるかに超えてしまったためです。そしてフランス人はにわかに平等の大いなる光の霊験《れいげん》を忘れて、逆にナポレオンの色鮮やかな旗のもとに幻

惑され、優美な民主の天女を追っ払って、獰猛《どうもう》な帝国という猛虎《もうこ》を飼って、みずからその餌食《えじき》となってしまった。甘んじて百年以前の時代に逆戻りし、フランス社会の論理は急にその順序を失ってしまったのです。

いや、これこそまさにフランス社会の大文章であり大波乱なのです。イギリスは巧みな文章で、前後の脈絡が整っています。フランスの文章は神業で、そそり立ち脈絡などありません。その後、彼らはルイ・フィリップを倒し、シャルル一〇世を倒し、ナポレオン三世を倒して民主政治は一段落しました。ああ、変動やまないこと、これがフランスの文章の脈絡なのだ。冒頭から結末にいたるまで目まぐるしく、爽快にさせることもあれば、惨憺《さんたん》たる気分にさせる。喜ばせるかと思えば怒らせる。イギリスが一冊の教科書なら、フランスは一本の脚本です。イギリスは額に入れたラファエロの絵であり、フランスはミケランジェロの壁画です。イギリスは杜甫《とほ》の律詩で、フランスは李白《りはく》の古詩です。イギリスは前漢《ぜんかん》時代の名将・程不識《ていふしき》であり、フランスは李広《りこう》です。ではドイツはどうか。ドイツは政治を行っているだけで、まだ理論を確立しているとは言えません……」

洋学紳士は、急に「僕は偶然、調子に乗っておしゃべりをして、大変に理論の順序を外れてしまった。先生、どうか許してください。」

そして洋学紳士は、一層声を張りあげて言うには、「大国として百万の強兵をもち、百艘《そう》、千艘の軍艦をならべ、民間の物資は豊富、あり余るほどの生産物を有する国では、富と国力にものを言わせて一時代を睥睨《へいげい》することも決して難しくはない。しかし領土が狭く、人口も少ない国では、道理に依拠して自国を守らなければ、他に頼りにできるものはない。陸軍は十数万にすぎず、軍艦も十数艘ほどである。もし大々的に陸海軍を増強して、他の強国と競り合おうとすれば、財政が不足し、苛酷な重税を徴収し、国民の恨みを買うことを免れない。土地を拓《ひら》き、農業を奨励しても、もともと土地が狭いので、急に広くすることはできない。生産量も一定の限界があって、思うがまま増産はできません。工業を振興して機械工業や手工業で利益を得ようとしても、生産しても販路がないのではどうしようもありません。試しにヨーロッパ諸国の経済情勢を見てごらんなさい。イギリスはインドをわが物として基礎を固め、アジア、アフリカ、アメリカの諸州いたるところを侵略し、植民して私腹を肥やす計画を練って余念がありません。フランスはアフリカでアルジェリアを分割領有し、インドではサイゴンを、支那《しな》では安南《あんなん》を領有しています。そのほか各国が領有した土地は大小あり、支配権の強弱はあるものの、いずれも占領地をもたない国はありません。自国の生産物のために販路を、すでに確立しているのです。

これに対し、小さな国の国民が、今頃になってわずか十万ばかり兵士をだし、十艘、百艘の軍艦を派遣して遠方の外国の土地を侵略して、本国経済の流れをよくしようとするのは、とんでもないことです。自らを守り、自足することに専念することだけが可能なのですから、このための政策を一つだすことをなぜ考えないのか。ではその政策とは何でしょうか。それを以下に述べましょう。

民主平等の制度を打ち立て、人びとの束縛を解き、要塞を打ち壊して撤兵し、他国に対して国民を殺す意図はないことを示し、また相手国もこうした意志をもたないと信じていることを示す。国をあげて道徳の花園となし、学問芸術の畑とする。一院制の議院を置いて国家の頭脳を分裂させないようにして、成人したもので知能や精神、そのほか行動において問題がない者は、貧富や男女の別を問わず、すべての者を選挙権と被選挙権をもつ一人格とする。地方官は、上は県知事から下は村長にいたるまで、すべて公選制として役人に媚びる必要をなくす。また裁判官も公選制にして、役人に媚びる必要をなくす。

大いに学校をつくり授業料は無料とし、国民すべてが学んで立派な人間となる手段をあたえられる。死刑を廃止して法律上残酷な絞首台を取り除く。保護関税を廃止して、自由経済とする。風俗を傷つけたり混乱を醸成するのでなければ、あらゆる言論、出版、結社にまつわる条例を廃止し、論客は発言の自由を得て、聞く者は耳の自由をあたえられる。書き手は自由に書くことができ、読者は目の自由をあたえられる。集会を行う者は足を運ぶ自由があたえられる。以上が綱領です。細かいことは別途、審議するだけのことです。

人は道徳の園を愛し、慕います。これを壊すことに耐えられません。人は学問の畑を利用します。破壊しようなどとは思いません。一度、試してみてください。試してまずければ止めるだけのこと。何の害があるでしょう。化学者をごらんなさい。もし発見をしたら試験室に入って実験をするではないですか。試しにアジアの小国を民主、平等、道徳、学術の試験室にしましょう。場合によっては、私たちは世界が最も尊敬し愛すべき天下泰平と万人幸福という科学物質を蒸溜《じょうりゅう》することができるでしょう。あるいは、私たちは社会学の実験におけるプリーストリー、ラヴォアジエなどの化学者になるでしょう。これが僕の言う政策の一つです。

また進化神は、いつも人類の頭上にいらっしゃるが、怒りを発することが頻繁なときもあれば稀《まれ》なときもある。百年に一回怒りを発する場合もあるし、千年に一回怒りを発する場合もある。頻繁に怒っているときは、その怒りは激烈ではないが、千年に一回怒るときは、実に恐ろしい。他でもない、私たち人類は姑息であって、神が温和な顔をして和らいだ声を出している間は不平等の岩石が路に横たわっていても取り除きません。不自由の荊棘《けいきょく》が路いっぱいでも刈ろうとしないので、進化の神はそこを通る際に、怒り狂って無理やり通っていかざるを得ないからである。

したがってこの神に仕える政治家という僧侶は、それぞれの国で古来から神が怒った回数をかぞえ、もし稀であると分かったら、発奮し勉《つと》めて準備し、大いに洗い清めて取り除くべきです。もし政治家という僧侶が、深くこの道理に注意しないと、数十年、百年の後に、君主をイギリスのチャールズ一世やフランスのルイ一六世の二の舞にさせる場合もある。君主にも国民にも禍をもたらし、しかも後世の笑いの種とならざるを得ません。心しなければならない。たとえ今、大規模な洗浄と改革ができないとしても、ますます岩石を集め、荊棘を植え、遅かれ早かれ降臨する進化神の行く手を塞《ふさ》いで、わざわざ激怒を招くようなことをするのは、いったいどういうわけか。

こう言う人がいるかもしれない――『民主制はまことに理にかなっているが、実行するのは本当に難しい。知識の獲得が進み、風俗も完璧《かんぺき》でなければ、民主制は混乱を生むだけです。大統領という行政府の長でさえ、民衆の選挙によって職を得るので、その権威は帝王に遠く及びません。だからもし分不相応な望みを抱く悪い奴がでてくると、政府も人びともバラバラになり、国家が壊れてしまう。また高い地位につくことを望むのは人情です。大統領の職は事実、選挙によってつくのですが、他の人びとと比較した場合、高い地位であることは言うまでもない。人びとに自慢できるものです。よって民主国では、仮にも志ある者は、みな進んで大統領の職に登ることを願い、あらゆる方法で世間の人気をつり上げようとして、軽薄な風潮を防ぐことはできません。これが民主国一般の問題点です。

立憲制は違います。帝王の地位には決まった人物がいて、不相応な野望を抑えることができる。また貴重で不可侵の憲法があるため、王侯、将軍、大臣のような高い地位であっても、やりたい放題にはできず、人びとは自由を守って失わないですむのである。だから立憲制は、君主専制と民主制の中間にあるものである。君主の地位が厳かなので、野望を鎮圧するという観点から言えば、専制国家に分類できる。人びとが自由であるということから言えば、民主国に似ている。結局は両方の制度の利点をあわせもち、害がないと言えるでしょう。この点をモンテスキューは『法の精神』において、スチュアート・ミルは『代議政体論』という書物において、様々な制度を論じ、必ず民度の高下の度合いに適《かな》ったものであるべきだ、と言ったのです。』

ああ、こうした議論はいわゆる老人のお決まりの話ですね。世の中の進歩の動きを阻害するものです。着実なように見えて、その実そうではありません。しかも今、実際に民主制によって統治をおこなっている国を観察してごらんなさい。アメリカ合衆国、フランス、スイスは、国民はみな紳士で風俗は純朴、欠点はないでしょうか。そんなこともありません。大統領改選ごとに、つねに混乱を招いているでしょうか。そんなこともありません。悪い奴が野望を抱くような心配があるか。ないでしょう。

さらに一歩を進めて論じてみると、もし立憲国の人びとが、冒しがたい君主がいるというだけの理由で平穏であるのは、その平穏の幸福は自身の自由の権利によって獲得したのではなくて、君主に依存して得ているのである。ああ、君主も人間だし、私たちも人間です。同じ人類でありながら、自分の権利によって生きることができずに、人に頼ってようやく生きているのは、本当に恥ずべきことではありませんか。」

洋学紳士がさらに言葉を続けて言う、「しかも民主制度は、戦争をやめ平和を貴び、地球上の万国をあわせて一家族のようにするために欠かすことができません。すべての国が戦争をやめ、平和を尊ぶという説は、一八世紀にフランス人聖職者のアベ・ド・サンピエールがはじめて唱えましたが、当時、この説に賛成する者は非常に少なかった。結局は実行できないとよく言われたし、ひどい場合、サンピエールを馬鹿にして空論家と言う者までいた。ヴォルテールのような高尚で最も社会進歩の趨勢《すうせい》に心を寄せている人も、サンピエールの説を聞いて、やはり一言二言あざけった言葉を言い放って、自分を聡明だとした。ただひとり、ジャン・ジャック・ルソーは非常にサンピエールの説を賞賛し、たくましく筆を振るってサンピエールの著書をほめたたえ、『これは絶対に世の中に存在しなければいけない書物だ』と言ったのです。

その後、ドイツ人カントもまたサンピエールの主張を受け継ぎ、『永遠平和のために』と題する書物を書いて、戦争をやめ、友好を促進することの必要性を論じました。その言葉に、『一歩譲って、たとえ人間が功名を好み、勝つことを喜ぶ感情を最後まで取り除くことができず、平和の実現が不可能だとしても、いやしくも理想に敬意をはらう者は、平和の境地に突き進むことを求めるのが当然の務めである。他でもない、これぞまさしく人類の責任だからだ、云々《うんぬん》』と論じました。

ただし、後世の学者たちはサンピエールの説に満足できない点が一つあります。戦争をやめるための手段についてです。

今も昔も、国々が挙兵し互いに攻撃するようになる原因はたくさんあります。ですが細かく考えると、帝王もしくは宰相が功名を好み、武力をふるうことを喜ぶ心が、つねに禍のもとなのです。なので、すべての国が民主制になるのでなければ、戦争を止めることは最終的に望めません。サンピエールはこの点を考えず、当時の各国の形勢にまったく注意せず、単に昔からの制度に沿ってあまり変更を加えず、もっぱら条約と同盟という些末《さまつ》なものを信頼し、平和を実現しようと考えた。とりわけ無知だったのは、帝王や宰相はこちらとあちらの勢力の強弱を察し、むこうが強くてこちらが弱ければ仕方なく一時的に講和や同盟を結んで、安堵《あんど》しようとする。でも一旦《いったん》、富国となり強兵となれば、千枚の同盟書があっても服従などしません。

なので、近年、フランスの哲学者エミール・アコラースは、さまざまな法律の区別について、世にいわゆる万国公法を道徳のなかにいれて、法律に分類しませんでした。彼は、およそ法律というものは必ずこれを司《つかさど》り、施行する役人がいて、また違反する者がいれば必ず処罰する。そうでなければ真の法律ではないのだと考えました。一方、道徳は守るも守らないも、人びとの偽りのない心次第。万国公法もまたこのようなものです。施行にかかわる役所はないし、懲罰を司る役人もいない。これでは法律とは言えません。

アコラースはまた諸国の戦争の種類を論じて言っています。戦争が起こる原因は四つある。王家の継承争いであり、宗教の争いであり、人種の争いと、通商の争いである。四つの原因の中で、宗教と人種の争いは、今日すでに収まって復活することはありません。今日では要所をめぐる争いか、製品の販路をめぐる競争のため、あるいは王家の継承権を争うために戦争することが実に多い。前者がアコラースのいう通商戦争であり、後者が後継の継承争いである。さらに本当の原因を探ると、原因が何であれ帝王か宰相が、功名心のためにささいなことを口実に、兵をもてあそぶことが多いのです。もし民主国家ならば、自由の原理、平等の大義、友愛の感情の三つでもって社会の基本となし、隣国に勝とうとするのは、学問の精度と経済的豊かさの二点にあるだけです。以上、要するに、立憲君主国は形ある腕力に依存し隣国に勝つことを求め、民主国は形なき思想によって、隣国に勝つことを望むのです。

サンピエールが一旦、万国平和の説を唱えると、ジャン・ジャックが賞賛し、カントにいたってますますこの説を拡充して、哲学をきわめて精密な体系にすることができた。以下、彼の言葉をあげましょう。

カントが言うには、「すべての国が戦争を止め、平和を重んじる良い状態にしようとするときは、国々はすべて民主制度に従わねば実現不可能である。国々が民主制度になれば、人びとの進退はもはや君主の所有ではなく自分自身のものになる。人びとが一旦、自己所有し、自身の主人になるならば、なぜ自分からすき好んで互いに殺し合いをする道理があろうか……二国間で攻撃する場合、戦争から生じる惨禍は、いったい誰が受けるのか。武器を取って戦うのは国民である。金をだして軍事費を賄うのも国民である。小さな家を焼かれ、田畑を蹂躙《じゅうりん》されて、損害を受けるのはこれまた国民である。戦争終結後、国債を募集して善後策にあたる者もまた国民である。そしてこの種の国債は償却しつくすことはできない。なぜなら一旦戦争をはじめると、禍はつづき、恨みが重なって、一度講和してもすぐにまた戦争が再開するのを避けることはできないからです。はたしてこうだとすると、国民が自分から進んで戦争を開始する理由はいったいどこにあるのでしょうか。云々。

またカントによると、君主国ではそうではない。帝王は一国の所有者であり国民の一員ではないので、人びとの血を流し財産を消費することを、帝王は少しも同情しません。なぜなら両軍接近して砲弾が飛び交い死者がでて、銃弾が互いを傷つけ、内臓が地にまみれ、血潮が野を潤すようなときに、帝王ときたら領地で狩猟をし、あるいは宮廷にいて飲食をし、平時とほとんど変わることがない。しかも帝王ははじめこそ堂々たる大義名分を宣言し兵をだしますが、実際は国民の生命と財産を賭《か》けて、自分の功名を求めているだけである。戦争は帝王にとって結局は遊戯の一種にすぎないのです。

ですから、近年ヨーロッパ諸国の学者のうち、戦争を止め、平和を重んじる説を唱える者は、みな民主制度を主張し、そのあと世界のすべての国をあわせて一大連邦を組織しようとします。その説は大袈裟に思えますが、政治的進化の原理から推察すれば、必ずしも大袈裟ではありません。

ああ、進化の原理よ。なぜあなたの車輪をもっと速く回し、自由に駆け巡らせ、育て、駄目なものは取ってしまい、地球上の幾億の生霊がみなすっきりと楽しんで生を営むことをさせないのでしょうか。ああ、ヨーロッパ何億の自由な人びとよ、それぞれの母国では民法刑法などの法律があって、あなたの身体と財産、家屋を守り、不当に被害に遭うことがないようになっている。凶暴な人がいて、あなたの身に危害を加えても、法律がすみやかに罰して、あなたを満足させてくれる。あなたが財産で損害を受けたとしても、相手と決闘する必要はなく、ただ紙一枚の書類を出して訴え出れば十分です。すると公平な裁判官が法令の文書に基づいて判決をくだし、あなたに賠償を取らせます。以上つまり、あなたが野蛮と闘争の危機を脱して、安定した文明制度のもとで生きることができるようになったということです。

さらに瞳《め》を転じて、国境の外を観察してみてください。隣人が鋳造している大砲や小銃は、将来あなたを殺戮するためのものです。家屋を焼き尽くすためのものです。あなたが建造している軍艦や水雷は、海に臨む家屋や樹木を揺さぶるためのものです。あなたが今日は枕を高くして安眠しているとはいえ、明日は屍《しかばね》を原野にさらすかもしれない。人同士は文明生活をし、家族同士には文明の平安がある。しかし人の集団である人びと同士は野蛮な生を営み、家族の集合である国家同士は野蛮で危険である。天然痘の毒が伝染してもワクチンで避けることができる。マラリアが猛威を振るっても石炭酸でこれを防ぐことができる。でも隣国の砲弾は避けることができない。火が家を焼き水が船を転覆させても、保険によって償うことができる。でも隣国の敵兵は押しとどめることができない……。あなたが本当に隣国の敵がいつの日かあなたを切り殺し、負傷させ、田畑や建物を焼き払い、港湾を爆破することを憂慮するなら、なぜすみやかに大砲を溶かし、軍艦を償却してしまわないのですか。

一九世紀の今日、本気で武力を国の栄誉とし、侵略を国是とし、他人の土地を奪い人民を殺し、どうしても地球を支配しようとするのは、まさしく狂気の国です。ヨーロッパの東端に一個の狂気の国があることを知っている。歴代君主の将来の計画をみれば分かるのです……。劇薬を投じてその効果が意外なほど激しいことに驚き後悔しているのがドイツです。代わり映えしないと馬鹿にして、かえって屈辱をうけ、怒って恨んでいるのがフランスです。多くの土地邸《やしき》を買って、財産をため込んで人が盗みに来ることをおそれ、全方位の防禦《ぼうぎょ》に苦しんでいるのがイギリスです。大人がやりたい放題なのを見て、心のうちにはいろんな心配があることを知らず、やたらと羨《うらや》ましがって仲間に入ろうとする子供がイタリアです。四、五人の狂人が、棍棒《こんぼう》を振り回して乱闘する間にいて、かわいらしい幼児が遊び戯れて、かえって怪我をせずにいられるのが、ベルギー、オランダ、スイスでしょうか。アメリカ、アメリカはどうかって？　封建体制の国の武士が、やたらと藩の名誉を背負って互いに勇んで敵対するのを見て、笑ってかかわらない。家業に専念し多くの財産をつくるのがアメリカです。精神は愚鈍で手足もにぶくいずれも敏捷《びんしょう》ではないが、体が大きいのを頼みに戦いを恐れないのが、アジアの一大国か。体が弱く意気地なしなので集団をなし、時々凶暴な他国のいじめに苦しんでいるのがアジアの諸島国でしょうか……。おい、あなたはその中に一人の神童がいるのがわかりませんか。この神童がどこまで成長するか、計り知れません。なんとまあ、君たちの目が利かないことか。」

フランスやドイツは、シャルルマーニュ大帝の時代には両国は一体でした。後にルイ一四世のフランスが勝手にドイツを攻めて勝った。その後フリードリヒ二世のプロイセンがフランスを破って恨みを晴らし、その後ナポレオン一世のフランスがまたむやみにドイツに打ち勝って、最近、ウィルヘルム帝のプロイセンはフランスを破ってまたもや恨みを晴らした。このように代々、互いに攻め合い報復していては終わりがありません。ウィルヘルム帝のプロイセンとナポレオンのフランスは、確かに恨み合った。しかしプロイセン人のプロイセンと、フランス人のフランスとは一体なんの恨みがあるのでしょうか。

プロイセン人のプロイセンとフランス人のフランスと、この両国民はみな文明人であり学問もある人たちです。猪突《ちょとつ》猛進の武者ではありません。フランスはすでにフランス人のフランスとなっています。プロイセンが将来プロイセン人のプロイセンとなれば、両国が兄弟となるでしょう。フランスの機敏さ、プロイセンの沈重さは、結び合って友人となるでしょう。ロシア？　ロシアですか、ロシアは猪突猛進の武者です。ロシアよ、あなたもまた、アレクサンドル帝のロシアから、ロシア人のロシアになれるでしょうか。凶暴なニヒリスト党が時に激烈な手段に訴えるのは、私もまた深い意味があってのこととは知っています。イギリスもまた文明人であり学問のある人たちです。財力を蓄えることも好きな人たちです。なので、イギリスが暴力をアジア、アフリカでほしいままにするのは、実際はロシアの暴力を憂慮してやむを得ずしているのかもしれない……。イギリスやフランス、ロシアやドイツ諸君よ、あなたたちの子供の中から、豪傑という名の怪物がでてこないように注意してください。不幸にも豪傑の怪物ができても、その言うことを聞いてはいけません。もし間違って言うことを聞いてしまうと、あなたたちは自分自身の所有ではなく、怪物に所有されてしまうのです。今一つ言っておきたいのは、地球上の大国の多くは愚かだということです。

君主制を守って自ら不幸を招き、そのうえ君主にも禍を起こすか、起こそうとしています。弱小の国々は、なぜ進んで民主制度を採用し自分が幸福になり、しかも君主も幸福にしないのでしょうか。地球上の列強の多くは臆病《おくびょう》で互いに恐れはばかり、兵力を蓄えて軍艦を並べ、かえって自らを危うくしています。弱小の国々は、なぜ断固撤兵し、艦隊を解散して、安全に身を置かないのですか。」

豪傑の客が膝《ひざ》を乗りだして言うには、「紳士君の発言は本当に学者さんだなあ。学者さんの発言は本には書けるけれども、実行することはできない。紳士君、試しにロンドン、パリ、ベルリン、ペテルブルクに行って力の限りあなたの御高説を唱えてみたまえ。各国の新聞記者は場合によっては雑報欄にふざけて掲載してくれるかもしれない。でも政治家は恐らくそれを……」

洋学紳士がすかさず言った、「政治家はきっと変人だと思うでしょう。でも政治家から変人扱いされることこそ、まさしく僕が自負するところです。学者！　学者！　今のいわゆる政治家は、この世で最も政治に拙《つたな》い者たちです。学者！　学者！　昔の人も言ったではないですか、哲学者が政治を行わないうちは、本当の平和は望むことができないと。本当にその通りです。」

豪傑の客が言った、「僕は紳士君のお考えはよくわかりました。たださらに一つ、質問したいことがあります。紳士君が弱小諸国に速やかに民主制になり、また即刻軍備を撤退させようと勧めるのは、ひそかにアメリカ、フランスなどの民主国家が弱小国の志をよしとし、行動を稀なことだとして、助けてくれることを願っているという意味ですか。」

洋学紳士が答えて言うには、「いやいや、偶然の幸運によって国家の大事を決定することは、政治家がややもすれば方針を間違えるもとです。僕は道理と正義だけを見ているのです。アメリカ、フランスなどが僕の志を偉大とみなし、行動を稀なことだと応援してくれるか、他のロシア、イギリス、ドイツなどが勢力均衡という理由から僕を保護するのか。それはすべて先方の事情です。僕には何の関係もありません。」

豪傑の客が言うには、「そうならもし、凶暴な国があって、私たちが撤兵するのに乗じて派兵して襲ってきたときはどうするんですか。」

洋学紳士は、「僕は断じてそうした凶暴な国はないと信じています。もし万一こうした凶暴な国がある場合、僕らは各自が対策をとるしかない。でも僕は、われわれは兵隊も弾丸も一切もたず、落ち着き払って言いたいのです、『僕らはあなた方に礼を失したことはありません。幸いにも責められる理由もありません。僕らはともに内政を行い、争うこともなかった。だからあなた方が来て、僕らの国の政治を混乱させることを望みません。あなた方は速やかに撤退して国に帰りなさい』と。彼らがそれでも聞かずに銃砲を装備して突きつけてくるなら、僕らは大声で言うだけのことです、『あなたはなんと無礼で道義がないのだ』と。そして銃弾を受けて死ぬだけのことです。別にそれ以上の策はありません。」

豪傑の客は失笑して言った、「ひどいものですな、哲学思想は人の心を蔽《おお》い尽くしてしまう。紳士君は数時間もの間、滔々《とうとう》と熱弁をふるい世界情勢を論じ、政治の歴史を述べてきたけれども、最後の一手は国民すべてが手をこまねいて、一斉に敵弾に倒れるに過ぎないではないか。机上の空論だね。有名な進化神の霊験は、こんなものだったのかね。幸いなことに、僕ははっきりと、人びとが絶対にこの進化神の御慈悲に頼らないことを知っている。」

法律の大議論

洋学紳士は、「ヨーロッパの学者で、非戦を言う者は、進撃は正義に反するが防御は正義であると言います。その意図は、個人がもつ正当防衛の権利を国家に適用しようとするものです。僕の考えからすれば、これはまったく哲学的な思想ではありません。なぜなら元来、人を殺すことは悪である、身体の秩序を破壊するからです。だからむしろ、他人が僕を殺すとしても、僕が人を殺してはいけない。他人が強盗・凶漢であるかどうかは問題ではない。なぜなら彼が僕を殺そうと思うから、僕も彼を殺すというのは、まるで彼が悪事をしようと思うから、僕もまた悪事をなすというのと同じようなものだからだ。すると人によってはこう言うかもしれません。命は極めて尊いものだ。なのに、盗賊は理由もなくわが命を絶とうとした。だから僕が彼を殺したのは、自分の貴重な生命を守るためなのだと。

僕は今こそ言いたい、生命は本当に貴重なものだ。僕の生命が貴重な場合、他人の生命もまた貴重である。盗賊であるかどうかは問題ではありません。だから僕が自己防御して命を守り警察が来るのを待つのは大いに良いことだろう。そうではなくて、盗賊を殺すのは哲学的な趣旨ではありません。だから正当防衛の権利は現実的にやむを得ざるものだと言われています。でもこれを国家に適用すると、ますますもって道理にあいません。なぜなら敵国が襲来する際、もしこちらが軍勢を並べ発砲して防御したならば、これは防御中の攻撃であって、悪事をなしていることになるからです。だから各個人の正当防衛の権利を国家間に適用する時は、ますます哲学的な趣旨をはずれてしまう。豪傑君、僕の心の中で、わが国民が兵力も弾丸もまったく持たず、敵軍の手で殺されるのを望むのは、全国民を一種の道徳的生き物と化して、後々の社会の模範にしようとするためなのです。相手が悪事をなすから、自分もまた悪事をなすというのは、あなたの思想です。なんと低級ではありませんか。」

南海先生はこの問答を聴きながら、黙って一言も発しなかった。だが、さらに自分で一杯飲んで、二人の客にも盃《さかずき》をすすめて、「紳士君の御高説はとくとお聞きしました。豪傑君、君もまた立派な意見を述べて僕に教えてください」と言った。

豪傑の客がそこで言うには、「そもそも戦争は、学者の理論から言えば厭《いと》うべきものですが、実際は絶対に避けられない勢いなのです。しかも勝つことを好み、負けることを嫌うのは動物の自然な感情です。トラ、ライオン、山犬、オオカミはもちろん昆虫のたぐいに至るまで、天地の間に呼吸するものは、みな獲物を殺さないものはおりません。試しに見てごらんなさい。賢い生き物ほど勇猛で、愚かな生き物ほど臆病です。アヒルは鳥類の中で、豚は獣の中で、それぞれ最も愚かな生き物です。アヒルはただガーガーと声を発するだけ、豚はただブウブウと鳴くだけ、いずれも蹴ることも噛《か》むこともできません。両動物を、はたして優しいと言えるでしょうか。試しに子供をごらんなさい。ようやくハイハイして動けるようになると、犬や猫を見て棒を振り上げて打ち、尻尾《しっぽ》をつかんで引きずりまわし、まん丸い幼い顔でニコニコしながらうれしがっている。そうでない子供は虚弱体質で気力がないに決まっています。しかも憤怒は正義感の発露です。正義感ある人で、怒らない人はいません。猫がネズミを捕まえるのは猫の正義感だし、オオカミが鹿を捕まえるのはオオカミの正義感なのです。猫やオオカミを情け容赦ないとは言えません。両方の動物を非情というのは、結局は私たち人間だけの話です。

しかも学者は理論を重んじ闘争を嫌うというものの、実は彼らも勝つことを好み、負けることを嫌う。見てください、二人の学者が向かい合ってそれぞれの学説を述べる際、互いに相手を論駁《ろんばく》し、最後は声を荒らげて前のめり、目を怒らし腕をつかみ、互いにわめき散らして論敵の言うことなど聞きやしません。彼らはきっと、自分が勝つことを望んでいるのではない、自分が主張する理論が勝つことを望んでいるのだと言うでしょう。逃げ口上です。もし本当に理論が勝つのを望んでいるだけなら、なぜ虚心坦懐《たんかい》に意見を述べないのか。

争いは個人の怒りであり、戦争は国家の怒りです。争えない者は弱虫です、戦争できないのは弱国です。もし争いは悪徳である、戦争は下らないと言うなら、僕はこう答えましょう。個人が現実に悪徳なのはどうしようもない、国家が現にくだらぬことをするのもどうしようもない。実際の出来事をどうすることもできない、と。

だから文明国は必ず強国です。戦争はするが私的な争いはしません。しっかりした法律があるので、個人同士が争うことがないのです。強大な軍事力があるので、国家同士は戦争をせざるを得ない。未開の人びとは常に争っていて、戦争をする暇などありはしない。だから古今の歴史書を調べると、昔の文明国はその時代に善戦した国家である。現代の文明国は今、善戦している国家なのです。スパルタもローマもよく戦いました。近世ではイギリス、フランス、ドイツ、ロシアが最も見事に戦争した国でした。戦争によってますます社会は進歩し、知識がますます広がると、戦争で兵力をより多く使い、武器はより精密に、要塞はより強固になる。したがって、武力は各国文明の成果の統計表なのです。戦争は各国の文明力の体温計なのです。二つの国が今まさに戦争しようとする。すると学術が最も精密で、財力に最も富んだ国が必ず勝利します。武力が充実しているからです。五大州の中では、ヨーロッパが最も文明が進んでいます。だから武力が最も充実し、戦争も強い。こんなはっきりとした証拠がありますか。事実ではないですか。

ロシアの兵力は百万以上、まさしくトルコや朝鮮《ちょうせん》を併呑《へいどん》しようとしている。ドイツもまた兵力百万以上、普仏戦争でフランスを瞬く間に踏みつけ、勢力をアジアにまで伸ばそうとしています。フランスもまた兵力百万以上、まさしくドイツに復讐《ふくしゅう》しようとし、しかも清仏戦争で新たに安南を侵略しました。イギリスは軍艦百艘以上、地球上あらゆる場所に植民地をつくっています。しかも近年のヨーロッパ列強が何をしているか。ロシア、イギリス、ドイツ、フランスは互いに眼を尖《とが》らせ、腕を撫《な》でさすり、チャンスさえあれば開戦してやろうという勢いは、まるで爆発物を積み上げて地上に転がしているようなものです。ひとたび轟音《ごうおん》とともに爆発したら、夥《おびただ》しい兵力がヨーロッパ中を蹂躙し、夥しい艦船がアジアの海を攪乱《かくらん》するでしょう。こんな時にこせこせと自由平等の意義を唱え、四海同胞の情を吐露するのは、まったく現状を直視していません。

雨が降らず酷暑で蒸している。焼けつくようだ。机にむかい椅子に座って書物を開いて唸《うな》り、目を閉じて思いにふける人がいる。汗が顔に噴きだし背中を流れるが暑さを感じない。

冬の夜の午前四時になろうとしている。灯《あか》りはかすかで暖炉は冷えて、硯《すずり》の水も磨《す》るはじから凍ってしまう。体中冷え切っている。先の人はこの時もまた、机にむかい椅子に座り、書物を開いて唸り、目を閉じて思いにふけり、寒さを感じない。いったい何が楽しいのか。楽しみはあるのです。きわめて大きな楽しみが。頭の中の知恵が心のすべてを指揮して、帰納法を銃砲とし演繹《えんえき》法を戦艦として、あらゆる間違いという強敵を撃破することです。真理の国に入り込むことです。きわめて大きな楽しみです。

また商人は不況という強敵に勝ち巨万の利益をつかむことを楽しむ。農民は天候不順という強敵に勝ち豊穣《ほうじょう》を得ることを楽しむ。そのほか、ある仕事をし、何か技術を習得する者たちは、みな勝利を目指している。快楽を願っています。人びとが楽しんでいるのだから、国家も楽しむことがないはずはありません。個人を楽しませるのは、それぞれの心です。国家を楽しませるのは、宰相の政策であり将軍の軍略です。政策がよければ他国は先を争ってわが国と同盟を結び、軍略が奇抜で敵国が一戦して敗北する。国の楽しみはこういうものです。

しかも紳士君は、戦争をつねに良くないことだとし、兵士のものすごい苦労を想像して本当の苦しみだと思う。また兵士の肉体的苦痛を想像して本当の痛みだと思う。でも本当の苦しみでしょうか、また苦痛でしょうか。戦は勇気を素とし、勇気は根源的な活動力を素にしています。両軍まさに衝突しようとする時、気は狂わんばかり、勇気は沸騰せんばかり。別世界、新境地です。苦痛など何もありません。

敵軍は我が方からわずか数里の場所に宿営している。わが軍司令官は遣いをおくり敵情を詳しく探りだした。わが軍は山腹を迂回《うかい》して抜け道を通って敵の後方および横にでて、敵の不意を突いて一気に大砲を発射し、一斉に小銃を放ち、煙にまぎれ、追い風にのって突撃すれば、絶対に一撃必勝まちがいなし。自分は身を挺《てい》して先陣をきり、命あれば勇気は全軍に知れわたり、死ねば名を後世に遺すでしょう。これこそ兵士の楽しみ、極めて大きな楽しみです。紳士君は酷寒も酷暑ものともせず、書を開き呻吟《しんぎん》して、目を閉じて瞑想《めいそう》して苦痛を感じない。同じことで、軍人たるもの、どうして死傷を苦しみとしましょうか。

はてしない広野、十里以内には人家も見えない。見渡せば丘陵が起伏し、うねり、まるで屏風《びょうぶ》を連ねたようだ。空は晴れ風は静かに、朝日が霜を照らし、一面の枯れ草を踏みしだけば、細い茎が砕ける。晩秋または初冬のころだ。敵陣営は我が方の前にあり、その数は十万、ないしは十一、二万であろう。某司令官は名将として名高い。兵士はよく訓練されており、兵器はきわめて鋭利だ。一方の我が軍十万は、みな気性が荒いが私の戦略に心服してくれている。勝てば敵に迫って一気に首都に攻め入り、占領し賠償金を要求する。講和すればわが王国の武威は世界に輝くでしょう。負けても死によって勇名を後世に遺すだけのこと。これが司令官の楽しみ。きわめて大きな楽しみなのです……紳士君、紳士君、君は著述を楽しみとせよ、僕は戦争を楽しみとするのだ。」

南海先生は以上の発言を聞き、微笑して言った、「君たちは若い盛りで、気力が漲《みなぎ》っている。それぞれの楽しみを楽しめばよい。私の楽しみはただこれだけさ、とまた一杯二杯続けざまに酒を呑《の》んで、胸をさすって『ああ愉快だ』。」

洋学紳士が言うには、「豪傑君、僕は今まさに、君と一緒に国家の大計を議論している。個人的な楽しみを話しているわけじゃない。君も少し本論から脱線しているようですね。」

南海先生が言うには、「豪傑君は人間の内心を暴きだし、人情の快楽を描きだした。心理学者の説を参照したようだ。」

豪傑の客が言うには、「僕は間違っていました。ただちに本論に入らせてください。現在、世界中、競って武力を重んじ、様々な学問的成果はすべて軍事利用され、ますます精密さを極めています。物理学、化学、数学は銃砲の精度をあげ要塞を強固にします。農、工、商業といった産業は武器の費用を供給し、兵糧の費用に充てられます。要するに、あらゆる事業はすべてその力を軍事政策に注ぎ込むのです。これが百万の兵士と数百、数千の艦隊が号令一下、遅れず、背かず、ただちに敵陣をめざして進撃し敵港へむかう理由です。

ああ、幾多のトラやオオカミたちのもとで国づくりをする者は、軍事政策以外、頼れるものはありません。とはいえ、敵に百万の兵力がありこちらは十万にすぎない。

敵には数千の軍艦があるのにこちらは数十にも満たない。その場合、日々鍛錬して精鋭を極めても、要するに子供の遊びと同じです。一時、人を驚かせる見世物にすぎません。これで外敵の侵入を防ごうとするのは、愚劣でなければ狂気です。こちらの港湾がまだ爆破されないのは幸運なだけです。こちらの要塞がまだ焼き払われないのも、幸運なだけ。敵はもともとこちらを畏《おそ》れているわけではなく、攻めてこない理由が敵自身にあるだけのこと。一旦攻め込もうと思えば、たちまち攻めてくる。そうすればこちらの港湾は爆破され、要塞は焼き払われるだけのことです。わが地方が分割占領され、首都は……ああ、今日にあって多くの小国の、なんと危ないことよ。

だが小国を急に大きくしようとしてもできません。貧しい国を急に豊かにしようとしてもできない。少ない兵力を増すこともできない。少ない軍艦を多くすることもできない。

兵力や軍艦を増強し、富国と大国化を目指さないかぎり、滅亡するかもしれません。算数の理屈です。ポーランドとビルマを見てごらんなさい。幸いなことに、私は大国化と富国強兵、軍艦を増強するための策をいくつも持っています。なぜすぐこの政策を実行しないのでしょうか。

豪傑君は少し時代に遅れた

アジアだったかアフリカだったか、偶然忘れましたが、一つの大きな国があります。名前も忘れましたが、とても広大で資源も豊富だが、とても弱い。その国の兵力は百万以上だが、統率がとれず、いざという時役に立たない。その国は制度があってもなきがごときである。このように聞いています。これはとても肥え太った生贄《いけにえ》の牛です。小国群の餌として腹を満たさせるために天が与えたのです。どうしてはやく行って半分、あるいは三分の一を占領しないのですか。一枚の勅令をだして国中の働き盛りの男性を募集すれば、少なくとも四、五十万が得られるはずです。国庫の財産を投げだせば、少なくとも数十、数百の軍艦も手に入る。兵士も商人も農民も技術者も学者もこの大国に行って、闘い、商売し、耕し、工作し、教えれば、国の半分もしくは三分の一を占領してわが国とすれば、わが国は大国となるであろう。財源が豊富で人口が多いこの地に教化政策を施せば、要塞をつくることも、大砲を鋳造することもできます。陸上には百万の精鋭を、海には数多くの軍艦を浮かべることができるのです。わが小国は一変してロシアやイギリスのようになるでしょう……もとの小国はどうしましょうか。もう新しい大国を手に入れました。もとの小国など気にする必要はありません。しかもわが天皇陛下は、自ら中央の軍を率いて、海軍提督何某《なにがし》、何某大将・何某中将を護衛に従えて、浮沈艦何某にお乗りになって海を渡られる。先発の某軍が勝利を得たのに乗じて、ある土地に首都を定め、新たに宮殿を造営し、きわめて壮麗で幾層もの楼閣が雲にむかって突きだしている。近衛兵《このえへい》や騎兵がグルリと取り巻いてまぎれもない帝王の宮殿となっている。だからわが陛下は新大国の君主です。もとの小国など外国が取りに来るのにお任せしよう。イギリスが最初に来たら、あげてしまいましょう。ロシアが最初に来たら、あげてしまいましょう……いや、これは上策ではない。もとの小国には民権主義者もいるし、民主主義者もいる。彼らの多くは君主も兵隊も好まない。わが君主と軍隊は、すべて新大国に移動した。だからもとの小国は彼らにあげてしまいましょう。とても喜ぶはずです。よい策ではないですか。

歴代の天皇陵はどうしましょう。民権主義者がいくら頑なで君主を好まずとも、崩御された天皇までも許せず陵墓に無礼をはたらくことはないでしょう。毎年使節を派遣し幣帛《へいはく》を奉納すれば先祖に対する礼を欠くことにはならない。

私たちはもう一大国家を領有し、土地は広く人口は多く兵力は強く強固な軍艦をもっている。ますます農業を奨励し、商業を盛んにし、工業を援助し、ますます政策を推し進める。すると、わが国と国民はともに豊かさを増すので、欧米の文明の成果を買い取る。かのイギリス、フランス、ドイツ、ロシアの列強もわが国を侮ることができなくなります。

しかもイギリス、フランス、ドイツ、ロシアの諸国が豊かでかつ強いのは、一朝一夕のことではなく、極めて多くの原因と手段により達成したものです。賢明な国王が統治をおこない、仁政を布《し》く場合。傑出した宰相が君主を輔弼《ほひつ》し、政治を補佐する場合。名将が武勲をあげる場合。学者が深遠な真理を主張する場合。工芸士が精緻な器具をつくる場合などのことです。平時には蓄えて漬けておく。一旦戦争になれば絞りだし大きくかき混ぜる。恵みの雨で潤し晴天の日にさらす。狭い道をぬけて平地にでる。激流を下って穏やかな流れに入る。右に左に緩やかにあるいは急に、あらゆる苦しみを経て今日の文明の境地に到達したのだ。どれほどの年月と知力、工夫と生命、財産を費やしたことか。なのに私たちがちょっと傍らから効果を分捕って文明の境地に入り込もうとするなら、金で買い取るしかありません。でも文明の値段はとても高いから、些少な額で買うことはできません。小国が急に買おうと思っても、すぐに財源がなくなってしまう。もし少しずつ金を出して少しずつ買い取ろうとすると、まだいくらも買わないうちに列強に併呑されてしまうでしょう。なぜなら私たちは小国ですが、併呑すれば文明を増強するのに少しは役立つからです。たとえ列強が穏やかで憐れんで併呑しないとしても、相手が強大でこちらが弱小だから、自然とこちらは消滅しなければならなくなる。例えば一滴の水を炎天下にさらすようなものです。相手は必ずしも水を乾かすつもりがなくても、水は自然と蒸気になって霧消してしまう。これが強弱大小というものなのだ。

何らかの現実的経済政策が、後に必ずここから生まれるはずだから他国に遅れて文明の果実を得ようと思うなら、いろいろありそうだが、要するに巨額の金をだして買い取るほかはない。でも小国はその費用がないから、絶対に大国をひとつ切り取って自分で富国にならねばならない。ところが、天の恵みによって目の前にとてつもなく大きい国がひとつある。土壌は豊かで、兵力が軟弱なのだから、これ以上の幸いはない。もしこの大国を強くしてしまったら、こちらが切り取って豊かになろうとしてもできません。幸いなことにこの大国はだらしがなく扱いやすい今こそ、小国は急いで取るべきではないですか。占領して富強になる方が、自滅するよりずっと良いじゃありませんか。」

豪傑の客は、もう一杯呑んで言います、「しかもたとえ内政の充実に専念し、後々の文明の基礎をつくろうと考える場合でも、今は対外出兵が避けられません。以下、その理由を論じましょう。

そもそもですが、他国に遅れ、文明の途上にある国は、以前の文物、スタイル、習慣、感情の一切を変更しなければなりません。すると国内に、必ず昔を好む思いと新しもの好きの思いとの二つが生まれ、対立するようになるのは自然のなりゆきです。昔を好む者たちにとって、新規の文物、スタイル、習慣、感情はどれも軽薄で嘘くさく大袈裟で、見聞きすれば耳目が汚れ、口にすれば吐き気がし、考えるだけでくらくらする。一方、新規を好む人は正反対で、古いものはすべて腐食し悪臭があると思う。必死になってひたすら新しいことを追いかけ、遅れることを恐れる。まだここまで両極端になっていなくても、細かく分ければ必ずいずれかの側に入っている。要するに、古いもの好きと新しがりの二種類は、国民において氷炭相容《あいい》れない二つの要素なのです。

この二つの要素は、分析することが難しいけれども、年齢と土地柄によって判断すると、ほぼ分類することができます。試しに実例で見てみましょう。年齢が三十歳以上の人は、往々にして昔を好む人で、三十歳以下の人はみな新しもの好きです。三十歳以上の人で、努力して新しいものを取り入れ、実際、本当に新しいものを好むような人でさえ、細かく考察すると、知らず知らず時折、昔を好む感情が生まれ、力をふるう。三十歳以下の人は、父親の昔を好む教育傾向に影響を受けざるを得ないが、自分自身は自然と新しいものを好む要素をもつ。昔を好む要素と一致しないのは当然です。三十歳以上の人が、ようやく物心がつく十二、三歳になってからは、日々学ぶのは『詩書』を暗誦《あんしょう》したり、『論語《ろんご》』や『孟子』を読むか、剣道や槍《やり》の稽古《けいこ》をして、見るもの聞くもの、心に触れるのはすべて昔の事柄である。それが脳髄《のうずい》深く刻印されて拭い去ることができません。一方、三十歳以下の人は頭脳に何の映像も受け取らないうちに早くも新しい事物に浸透され、新しもの好きの思いがすぐさま心を独占してしまう。二つの世代で好むものが異なる理由です。

あるいはこう言う人がいるかもしれません。『三十歳以上の人であっても、つねに英仏の書を学び、翻訳書をいろいろ読んだり、時代の流れにいそいそと合わせ、自由、平等、権利、責任などの思想の奥義をきわめ、新しいことに取り組もうと努力する。若い者に遅れを取るまいとする者も多い。年齢で分けることなどできない』と。確かにそうだ。優れた才能と卓越した見識を備えた人を、常識で論じることはできません。しかしその他は、年齢に制約されないものは稀なのです。

優れた才能をもち、ずば抜けた見識を備えた者が、
　はたして世間にいるだろうか　いるとも、いるとも
試しに三十歳以上の者が妻子と一緒にいる時をごらんなさい。子供が夏に傘をさして日を避《よ》けたり、冬にコートをまとって防寒するのを見ると、叱りつけて、お前はなんと弱虫なんだ、炎天や寒風のいったい何が怖いのだと言います。これは子供を寒暑の刺激に慣れさせるためではなく、自分が幼いころ、傘とコートを使ったことがないから言うのです。また妻が学問や芸術の話をしたり、時事を論じるのを聞くと、すぐさま、女は食事の支度をしていれば十分だ。今後またこんなことを口にして他人に冷笑されてはいけないとひどく叱りつける。これも女性が権力をふるうことを戒めるのではなく、自分が幼いころ、女性がこうした話をするのを聞いたことがないからです。子供はひそかに笑って言うことでしょう、なんともわが父は粗暴で衛生観念がないのかなあ、と。妻も隠れて苦笑し、なんともわが夫は頑なで時勢がわからないのでしょう、と。こうしたわけで、昔を好むのと新しもの好きの二つの要素は、だいたい年齢で分けることができるのです。

　またこの二つの要素は、土地柄で分類することもできます。封建時代に石高二十万石以上の大藩では、おおむね国を閉ざし他藩からの出入りを禁止しました。なので、

藩内の人たちが生涯見聞するものはすべて藩内の出来事で、一生に出会うのも藩内の男女にすぎません。考え方や習慣、服装から言葉にいたるまで、自然と一定の型があって、はっきりと別人種を形成していた。石高二十万石以下の小藩であっても、都会から離れた僻地《へきち》にあり他藩と交流がなければ、これと同じでした。要するに、こうした藩の国柄は質朴で、武を重んじた国柄だった。よって多くの人は荒々しく重厚。田舎臭く雄々しい。でなければ嫉妬《しっと》深くて陰険だ。頑なで愚かです。昔を好んで新しいことを嫌い、悲憤慷慨《こうがい》ばかりして、緻密で周到な才能に乏しい人が多い。

一方で、四方に交通の発達した藩では、常日頃から人びとは方々の出来事に接し、人びとと交わり、慌ただしく生活している。風俗は華美であり武よりも文を好む。多くの人は鋭敏で緻密、さもなければ媚びへつらい、軽薄である。古いものを棄て、新しいものを素早く取り入れる。もちろん優れた才能と卓見をもつ人は、こうした常識では割り切れないが、その他の人は土地柄に制約されるのです。なので、昔を好むのと新しいのを好むのと、二つの要素はおおむね土地柄によって分類することができます。

後から文明の道を歩み始め、改革の機運に直面した国家では、この二つの要素は政府と在野を問わず官民に広くおよび、国民意識にひそかに潜り込んで、いたるところで互いに力を競い、それぞれ勝利をめざします。宰相と大臣の間で互いを反発させ、官僚の間では官僚同士を反発させ、民間人同士を反発させる。農工業に携わる者や商人、親子と夫婦、子弟と友人同士を対立させます。上は国家百年の大計から下は民間日常生活にいたるまで、目立つところでは堂々対面上の議論において、目立たないところでは飲食の好みなどの些細なことまで、およそ何かをしようと心がける際には、必ずこの二つの要素が排除しあい、しのぎを削って調和できない。

こうして国内で政府と在野、官と民、学者や芸術家、農工業者や商人など、従来のグループ分けのほかに、二大党派が生まれることになったのです。実に治療しにくい大病です。

何々大臣、何々将軍はもと甲藩の人である。何々大臣、何々将軍はもと乙藩の人である。甲藩は大藩で、あるいは都市部から離れた僻地にあり、他藩の人と交流することがなかった。風俗は質朴で、尚武を好み、人柄は豪快で重々しい。そうでなければ嫉妬深くて陰険です。一方の乙藩は小藩で、あるいは交通の発達した要所に位置している。風俗は華やかで武より文を好み、人柄は鋭敏で緻密である。さもなければ媚びへつらい軽薄です。どちらが一番古い要素に富み、どちらが新しい要素が豊富なのか、はっきりとわかります。優れた才能と卓見をもつ人は例外で、私には振り分けることはできませんが。

何々大臣や何々将軍は四、五十歳である。一方の何々大臣、何々将軍は二、三十歳である。これまたはっきりと、どちらが古い要素に富み、新しい要素に富むのかが分かる。優れた才能と卓見をもつ人は、私には振り分けることができないですが。

旧自由党と改進党の顔ぶれ

民間人でおなじ自由主義、革新主義を主張する者のうちでも、昔好きと新しもの好きの二要素が、暗黙のうちに力をもっている。両派それぞれ異なる特徴をもたらしている。試しに見てください。新しもの好きの要素に富む人は、理論を尊重し腕力をいやしむ。まずは産業で軍事は後回し。道徳と法律の学説、経済理論を研究し、普段は文人、学者であると自任している。軍人や壮士の流儀である大声で批判したり、興奮する態度をひどく嫌います。もっともなことです。彼らが慕うのはティエールやグラッドストーンであり、ナポレオンやビスマルクたちではありません。

一方で、昔好きの要素に富んだ人はちがいます。彼らにとって自由とは、奔放で束縛されない行動であり、平等とは鉈《なた》ですべてを刈り取ってしまう行為をさす。悲憤慷慨に快楽をかんじ、窮屈な法律学、緻密な経済学はまったく面白くない。

だから彼らにフランス革命の歴史を読ませても、立法議会と国民公会が上を下への大騒ぎの末に、人権宣言という不朽の章典をつくり、一九世紀の新世界を切り開いたことなど無関心。ロベスピエール、ダントンらが競って思うがままに殺害するのを見ると、飛び上がって喝采《かっさい》する。自分もおなじことをしようとして、涎《よだれ》を流すのはもちろんである。彼らは今から二、三十年前は、剣をふるい槍で突いて、戦死することを無上の栄誉としてきた者たちです。尚武の習慣は遠い先祖から遺伝してきたのであって、その象徴が三尺の剣です。自分の代になってますます大切にしてきたのを、廃刀令がでたので、涙を飲んで箱にしまいました。でもひそかに心の中では、いつの日か箱から取りだして使うチャンスがくることを願っている。

旧自由党は必ず怒り、必ず笑うだろう

その後、自由民権の学説が海外から伝わると、彼らは一気に心うばわれ、あらゆるところで結集して党旗をたてて、かつての武士は一変して堂々たる文明の政治家となった。

ああ、彼らは本当に文明の政治家なのでしょうか。自然と頭の中で戦死しようと思っており、鬱屈して発散できずにいた。偶然、自由民権の説を聞いて、そこにある種の思い切りのよさと強さを見出《みいだ》し、喜んだ。これは俺の討ち死に主義に似ているところがある、封建時代の遺物である討ち死に主義から、海外輸入の民主主義に乗り換えるべきだ。彼らの頭脳の進化の歴史は思うにこんなものです。もちろん本当の進化とは言えません。彼らは非常に国会を好みます。なぜなら大声をだすのに都合がよいからです。宰相や大臣に抵抗するのに都合がよいからです。また改革をとても好みます。でも、古いものを棄て新しいものを採用したいからではない。ただひたすら改革したいのです。善悪いずれも改革することをよしとし、破壊を好む。勇ましく思えるからです。一方で建設を嫌うのは、臆病に似ているからです。最も臆病に思えて嫌いなのが、保守することです。

被選挙権を得られず、国会に入れなければ、首都の南北のある街でボロボロの寺院にクラブをつくる。大臣や代議士、新聞記者を全力で攻撃する。単に攻撃することが好きだから攻撃する。初めから自分でも何のために攻撃しているのかわからない。そのうち新聞を発行すると、社説中で何の文字が一番多いかと言えば、転覆、破壊、殺戮、殺害だとわかる。名詞では無慚《むざん》な死を意味する肝脳、生々しい血を意味する鮮血、斬首の刑を意味する頭足などを使って、文章を華麗にしています。私はようやくフランス革命の指導者マラーや、サン・ジュストなどが革命以前の三〜五年前は、きっと昔を好む人だったと思うのです。

政治の相撲取りたち

ああ、昔好きと新しもの好きの二要素が国会で正面対決すると、国家の大計に支障がでるのはどうしようもありません。こうした現象は古くからずっとあるもので、人びとの頭痛の種であり続けてきた。昔好きは顔つきも体もいかめしく、豪快で気力がある。あるいはそう見える。何をするにも果断に行い、後のことを顧みず、世論を気にしない。平穏無事の時は腕組みしてだんまりを決め込んで満足している。緻密な思考をつかい、円滑に行う必要があることについては、些細なことだとして取り合わない。そして、俺はもともと不器用でこうしたことにはむいていない。誰それは聡明で習熟し、一生懸命に取り組む。処理することが当然できるだろう、と。

常日頃、重大ではないことは、馬鹿で下手なふりをしていればよいとする。知っていてもわざと知らないふりをし、できることもできないふり。他人に押し付け自分は関わらない。ちっぽけなことに心を砕く必要はないと考えるのです。でもひとたび自分が関係することになると、いきなり発言し、周りが何を言おうとほとんど気にしない。賛成であれ反対であれ、絶対に主張を実行することを目指す。途中で他人の意見になびくのはとても恥ずかしいことだと思う。

一方の新しもの好きはそうではない。何事であれ大小にかかわらず、慎重を重んじる。心を砕き配慮をめぐらす。全体を丁寧に見渡して、問題ないとはっきりするまでは断行しない。顔つきはだいたい爽《さわ》やかで、冷静沈着な性格。あるいはそう見える。昔好きは屈服しないことを目指し、新しもの好きは失敗しないことを目的とします。今も昔もこの二つの要素が政治に並び立つと、理解しがたい施政となってしまう。別段不思議ではありません。互いに争って、もし昔好きが勝つ場合、政府の命令は必ず断定的なものになる。新しもの好きが勝つ場合、政府の命令は丁寧なものになる。だからわずか数年、ひどいと数ヵ月で、政令を前後比較してみると、意向が違ってしまっている。

世界の書記官はみんなこんなものだ

推薦し抜擢《ばってき》する人物になると、違いはどうしようもありません。それぞれが気に入った人を推薦し、愛する人物を抜擢するのは自然なこと。官僚として才能ある人、ありそうな人は新しもの好きの要素が喜んで吸い寄せる。一方で官僚として信念ある者、ありそうな者は昔好きの要素を好んで吸い込む。これはもちろん心理学的な真実です。

あらゆる役人のトップは言うまでもなく、下級役人にいたるまで、もし昔好きの要素が吸引しなければ、必ず新しもの好きの要素が吸い寄せる。縁故をつかって官職を求め、取り繕って自分を売り込んで、後々、地位にありつこうとする。堂々たる官庁が二つの要素の派閥の巣窟《そうくつ》となること、歴史を調べるとはっきりしています。

紳士君、紳士君、国中、政府と在野の区別なく、両要素が互いに力を比べ、利益を争い、非常に激しくぶつかり合い、勝敗を一挙に決しようとすれば、国家は危機に瀕《ひん》します。もしそうではなく、両要素が自重して互いに協調しようと努力しても、根本的な性質がちがうので、何かする際におのずと邪魔が入ってしまう。どうしようもないのです。絶対に二つの要素のうち、一つを除去しなければ、国家の事業を行うことはできないのです。紳士君、紳士君、もしこの二つの要素のうち、一つを取り除けないとすれば、君が崇拝している進化の神の霊験は見ることができないと僕は思う。」

洋学紳士が言う、「絶対に二つの要素のうち一つを取り除く必要があるなら、どちらの要素を取り除きますか？」

豪傑の客が言う、「昔好きの要素ですよ。新しもの好きの要素は、例えるなら生肉です。昔好きの要素は癌だ。」

洋学紳士は言う、「あなたはさっき、僕の発言を学者の世間知らずの論だと批判したじゃないか。今まさに改革の機運にあるわが国の二つの要素を論じるとき、新しもの好きの要素を残して昔好きの要素を取り除こうとし、癌に例えている。あなたの発言は前後矛盾しているじゃないですか。真理を欺くことができないとは、こういうことです。」

豪傑の客は笑って言った、「そうだ、君は純粋な新しもの好きだ。民主制度に則り、しかも軍備を撤廃しようとしている。僕はもちろん、昔好きの方だ。武力に頼って国を救おうとする。君はただ生肉を肥やすことを知っているだけだ。僕は国のために癌を取り除こうと思っている。癌を取り除かなければ、生肉を太らせようとしてもできないからね。」

政治の外科医の出現

洋学紳士、「癌をいったいどうやって取り除くのだね。」

豪傑の客、「切り取るだけのことさ。」

洋学紳士、「冗談言わないでください。癌は病気だから確かに切り取ることができるでしょう。でも昔好きの要素は人の体です。どうやって切り取れますか。お願いだから冗談はやめてくださいよ。」

豪傑の客、「癌は切り取るだけのこと。昔好きの要素は殺すだけのことさ。」

洋学紳士、「どうやって彼らを殺すというのか。」

豪傑の客、「彼らを戦争に駆り立て動員するのです。昔好きの要素は、政府にかかわる者であれ市井に暮らす者であれ、太平無事を嫌い、もてあまし、悔しいことに功名を立てるチャンスがない。国家がもし命令を発し戦争をはじめれば、二、三十万の者たちをたちまち旗のもとに集めることができる。僕自身もまた社会の癌の一種です。自分自身を切り取って、永く国家の害にならないことを望んでいる。癌を取り除く場所は、僕が名前を忘れてしまったアフリカかアジアのある大国が一番だ。だから僕は二、三十万の癌患者とともにその国にむかい、戦いに勝てば占領して支配し、別に一種の癌社会を切り拓こうと思う。失敗すれば屍を野にさらして、名を異国の地に遺そう。成功しようが失敗しようが、国のために癌を切り取る効果は必ず得られるだろう。いわゆる一挙両得の策なのだ。

だから僕が胸の内で温めている第一の策は、国内の成年男子をすべて集めて大国にむかい、弱小国を強大な大国に変え、貧国を富国とする。その後、巨額の金をだして文明の成果を買収して、一躍西洋諸国と覇権を争うことを求めることです。国内の政治を修正し、制度と風俗を改め、後々文明国となるための新たな企画を妨害する昔好きの要素を一気に切り取る、これが第二策です。古いしきたりに甘んじ、姑息で勇猛果断の行動をおそれ、ただふわふわ漂っているのを得策だとする者は、以上の二策を聞くと驚き、あきれることでしょう。僕はもちろん、それを知っています。

　しかし今も昔も、非常事態に遭遇した豪傑は、みな思いもつかない計画を編み出して大きな成果を収めてきました。『断じて行えば鬼神もこれを避ける』とは、まさしくこのことを言っている。しかも政治家は、時代と場所によってそれぞれ政治手法を変えなければならない。僕の二策を今日の西洋諸国で施行するのは、まさしく常軌を逸している。だからプロイセンの場合、ビスマルクが宰相でモルトケが将軍であることによって、百万の兵と大砲を動かし、数百年のあいだ臥薪嘗胆《がしんしょうたん》、一日も忘れなかったフランスを撃破した。でも講和になると獲得できたのはアルザス、ロレーヌ地方と八億フランにすぎなかった。時代と場所の情勢がこうさせたのです。僕の二策を今日のアジア、アフリカに施行した場合、まさしく時代情勢にあっている。もし西洋諸国の傑物が今日のアジアにいたなら、絶対に断固として二策のうちの一つによって、弱小国を強国にする事業をするか、もしくはすみやかに癌を切り取る計画を実行するでしょう。」

　洋学紳士が言うには、「なるほどナポレオン一世やティムール大帝なら君の二策を採用するでしょう。でも進歩という世の趨勢を大いに妨害するのは、この種の怪物なのです。自由・平等の大理想と道徳・経済の究極の運用をこわし、腕力の社会をつくってしまうのはこの種の怪物です。一八世紀以降のヨーロッパの山林でこの種の怪物が生まれなければ、今頃民主主義は大いに拡大し、学術組織も大いに規模を拡大していたこと疑いなし。試しにヨーロッパの豪傑をつかまえてきて、東洋の豪傑と比べてごらんなさい。僕がいう怪物の豪傑は、わが東洋には似た人物はいますが、真の豪傑は東洋には似た人物は非常に少ない。東洋がヨーロッパに及ばない理由です。アレキサンダーやカエサルやナポレオンと、劉邦《りゅうほう》、フビライ、豊臣秀吉《とよとみひでよし》たちを比較した場合、どこかしら類似する部分がある。でも、ニュートンや化学者のラヴォアジエ、アダム・スミスやオーギュスト・コントに似た人物が東洋にいるでしょうか。場当たり的に無謀なことをして目先を何とかしようとする人は、百年の大計を害する人たちです。」

豪傑の客が言うには、「世の中のことはすべて理論と技術という区別がある。議論の場で力をふるうのは理論であり、現実の場面で効果をあげるのは技術だ。医学には医学理論と医療技術があり、政治では政治理論と政治技術がある。細胞の学説や黴菌《ばいきん》に関する理論は医学理論である。熱病にキニーネを投薬し梅毒に水銀をつかうのは、医療技術だ。平等の主義や経済の論点は政治理論であり、弱を強に転じ、乱を治めるのが政治技術です。あなたは理論を説いてください。僕は技術を論じるから。

しかも現在、ひとたびヨーロッパ諸国の情勢に注目すると、アジアの島々で生活する者は、まるで暴風の前に置かれた一点の灯《ともしび》のようなものです。さっと風がくれば、たちまちのうちに火が消えてしまう。憂国の志がある者は、今のうちに早く対策をしなければならぬ。外国征服は実に時代にマッチした計画です。子供の諺《ことわざ》に『鬼の居ぬ間に洗濯』とは、今こそその時だ。鬼とは何か。ドイツ、フランス、ロシア、イギリスのことです。最近のドイツとフランス両国の情勢は、国内外の複数の新聞が報道することしきりです。両国が兵力を増強していると言うかと思えば、平和が維持されていると報道する。ビスマルクがこう言ったと報道すれば、ブーランジェがこんな状況だと報じる。僕は両国が敵対する理由をくり返し調べると、間違いなく遠からず決裂し、今日でなければ明日、今年でなければ来年には必ずそうなるだろう。両国が敵対するのは、紳士君が言ったように単にナポレオンのフランスとウィルヘルム帝のプロイセンが対立したのではなく、これほど昔から対立した二国というのは見たことがありません。一朝一夕のことではなくて、ナポレオンとウィルヘルム帝は特別に決裂の時期に遭遇したにすぎません。ビスマルクは幸運にも、決裂に際して政治技術を発揮できた人物です。ガンベッターは不幸なことに、決裂の機会に出会わず、胆力を発揮することができなかった。ナポレオン三世は晩年、次第に国民の期待にそむき、議会中、反対派が多数を占めたが、プロイセンに宣戦布告すると議院はみな同意して、老獪《ろうかい》なティエールをして戦争は不利だと口を極めて論じさせたにもかかわらず、満場批判囂々《ごうごう》だった。その場を去って帰宅しようとすると、正業にもつかない者どもが路上で待ち伏せして礫《つぶて》を投げて罵声《ばせい》を浴びせたという。フランスの人びとがプロイセンに恨みを抱いていた証拠です。

しかし私見では、両国は、はじめは深く恨みをもつこともなかったのに、一八世紀ごろから強い陸軍と言えばこの二国だとされた。そして交戦するたびに隣国で傍観する者たちが、勝敗を予想して喧々《けんけん》囂々。その結果、両国民は互いに我こそはと競い合い、先の敗戦を恥じて恨みとした。ずっと復讐心を抱くようになったのです。

例えば、二人の力士が土俵にいるようなもので、はじめはその取組で技を競うだけだったのが、満場の観客が声援をおくり、東を褒めたり西を褒めたりする。勝敗が決すると拍手喝采《かっさい》の声が響き渡り、こうしたことが数回続くと、両力士も絶対に勝つことを職責と思うようになる。たがいを憎むようになります。両国の事情もまさにこれです。だからフランスとプロイセン両国の憎しみは一朝一夕のことではなくて、紳士君の言うように、単にウィルヘルム帝のプロイセンとナポレオン帝のフランスが恨みあっただけではないのです。

ロシアとイギリスについては紳士君の言うことが本当です。イギリスはこれまで大半の力を経済に注ぎ、地球上のいたるところに植民地をもち、財政が豊かなこと他国の追随を許しません。目的はもっぱら従来の植民地を守り失わないことにあり、これ以上の植民地の拡大は意図していません。しかし困ったことに、獰猛なロシアが歴代先帝の陰謀を受け継ぎ、軍事力にものを言わせ、どんどん勢力を拡大しようとする。イギリスの富強に嫉妬して、一気にインド支配をひっくり返そうとし続けている。イギリスが以前、ナポレオン三世と組んでセバストポリの戦いを行った理由です。だからフランスとプロイセンの場合、兵力を競い、武勇をはせることが目的で、植民地開拓ではありません。イギリスは植民地と財産を守ることが目的で、武力を用いることを好まない。ひとりロシアだけが、昔のローマ帝国を真似て、兵力にものを言わせて富国のための事業を起こし、その資本によって強兵を推し進めようとしている。ロシアこそまさにヨーロッパに戦乱の禍をもたらす工場です。でもあえて、直ちに兵力をインドに向けない理由とは何なのか。ロシアが恐れているのは、イギリスではなくフランス、フランスというよりプロイセンだと思うのです。東方に進出した隙を突いて、プロイセンが背後を取ることを恐れている。だから先にプロイセンとフランスが交戦すると、ロシア人は互いに大喜びし、直ちにクリミアの条約を破って黒海《こっかい》に艦隊を派遣したのです。

だから僕の意見だと、プロイセンとフランスがいったんヨーロッパで交戦をはじめると、ロシア軍が忽《たちま》ち砂塵を蹴って東方に進出するでしょう。そしてこうなった場合、普仏戦争の禍はヨーロッパ大陸に局限されず、アジア洋上の諸島も又とばっちりをうけざるを得ません。イギリス艦隊が侵略し拠点化するのは、朝鮮半島南部沿岸の巨文《クモン》島にとどまらないことは、疑いありません。要するに、今日の情勢は、プロイセンとフランスがヨーロッパでしのぎを削り、ロシアとイギリスがアジアに進出し覇権を競っているのです。

ああ、プロイセンとフランスの兵はヨーロッパの平原に火薬の煙を広げ、イギリスとロシアの軍隊はアジアの陸地に砂塵を巻き上げ、海に波濤《はとう》を高くする。このとき、万国公法は戦略上優位な暴力をとめる効果が、いったいあるでしょうか。万国公法が当てにならないなら、小国は何で身を守ることができるのか。すみやかに沈没しそうな小舟から撤退し、悠然と動かない大艦に移動するのみである。危うい小国を棄てて安泰な大国をめざす計画あるのみです。しかも清らかで浅い川から大きな魚は取れません。平和な時代は奇策を実行することもできない。ヨーロッパとアジアの二大陸から、同時に不気味な雲が沸き起こる今、まさしく小国の禍を転じて福となし、弱を転じて強となす絶好の機会であって、千載一遇のチャンスです。このとき迅速な手段を講じず、ちまちまと田舎の老婆がぼろを繕うような小さな策略によって、無駄に国を維持しようとするのは、ぼんやりしていて、僕は驚くばかりです。」

このとき南海先生はさらに一杯飲んで言いました、「紳士君の主張を要約すると、民主と平等の制度は、あらゆる制度のうちで最も完全で純粋なものであって、世界中の国々が遅かれ早かれ、必ずこの制度に従おうとするだろう。そして弱小国ははじめから富国強兵の政策はできないのだから、急いでこの完全かつ純粋な制度を採用し、その後、水陸軍を撤廃し強国の万分の一にも満たない武力を破棄する。そして形なき理念をつかい、大いに学術を振興して、極めて繊細に彫りこんだ美術作品のような国家にする。強国もこれを愛し、侵略するのを躊躇うようにさせようという主張です。

一方、豪傑君の主張を要約すると、ヨーロッパ諸国は今まさに戦争を行い、一旦はじまれば禍はアジアにまで延び広がろうとしている。だから弱小国は今、大英断をくだし、国中の成人男性に武装させて大国を侵略し、新たに広大な版図を獲得するのがよいだろう。英断をくだす前に、国内政治ばかり修正しようとしても、必ず改革を妨害する昔好きの要素を取り除かねばならない。つまり対外遠征はやらざるを得ないのです。

紳士君の主張は純粋で正しい。豪傑君の議論は優れて奇抜だ。紳士君の主張は濃い酒だ。めまいがしてくらくらする。豪傑君の議論は劇薬だ。胃腸が破裂する。僕は年寄りだ。二人の意見は私の萎縮した脳髄ではとても咀嚼《そしゃく》消化できるものではない。二人ともそれぞれ努力して時が来るのをまち、実行せよ。僕は傍観しようと思う。」

そこで二人の客も又それぞれ一杯ずつ呑んで南海先生に向かって言う、「我々二人はもう本心を吐露し尽くしました。お願いですから、先生が批評なさってお教えください。」

南海先生はそこで、「紳士君の主張は、ヨーロッパの学者が頭の中で醸造し、書いたり喋《しゃべ》ったりしたが、まだ実現していない絢爛《けんらん》たる思想の瑞雲《ずいうん》です。豪傑君の主張は、昔の偉人たちが千年に一度、百年に一度、実行し功名を得たものの、今日もう一度実行するのは難しい政治マジックです。瑞雲は未来の吉兆だが、眺めて楽しむだけ。マジックは過去の珍しい見ものですが、振り返り賛嘆するばかり。ともに現在の役には立ちません。紳士君の意見は、全国民が一致協力しなければ実行できない。一方で豪傑君の主張は、君子宰相が独断で決定しなければ実行できない。どちらも恐らく架空の主張です。しかも紳士君は、進化の神の霊力を力説してやまないが、神の行く手は紆余《うよ》曲折していて、登ったり下ったり、左に行き右に曲がる。船に乗るかと思えば車をつかい、進退をくり返す。紳士君が言うような、われわれ人類が幾何学で定義した直線コースをたどることは絶対にありません。要するに、私たち人類が進化の神を導こうなどとむやみに思うと、とんでもない禍になる。進化の神の進むコースに従って歩むのみです。

しかもいわゆる進化神とは、世界の物事がたどってきた痕跡《こんせき》に命名したもの。だから天地開闢《かいびゃく》のとき、世界の人びとが互いに争ったのもまた、進化の法則の一つです。一人の君主の統治下にあったのも進化の一法則。立憲制にむかったのも進化の法則の一つ。民主制もまたおなじ。君主、大統領、貴族、人民、白帆の船、蒸気船、火縄銃、ライフル銃、仏教、儒教そしてキリスト教、すべて世界人類が通過してきた痕跡は、学者がいう進化神の歩んできた道なのです。

ヨーロッパ諸国には死刑を廃止した国がある。これまたヨーロッパ諸国の進化です。アフリカの種族には人肉を食べる者もいる。これまたアフリカ種族の進化です。つまり進化の神は、天下で最も多情、多愛、多嗜《たし》、多欲な存在なのです。紳士君、紳士君、あなたがもし進化の神は立憲制もしくは民主制を愛し、専制を嫌うと言うなら、トルコヤペルシアには進化神はいないのですか。もし進化の神は生み育てる慈しみは行うが、乱暴な殺戮はしないと言うなら、楚《そ》の項羽《こう》が、趙《ちょう》の投降兵四十万人を生き埋めにした時、進化の神は存在しなかったのでしょうか。

封建時代には封建を好み、郡県制の時代には郡県を好む。鎖国の時代には鎖国を喜び、開国交易の時代には交易を喜ぶ。麦飯をたしなみ、牛ステーキを食し、どぶろくも葡萄酒もたしなむ。大きく結った髪形を好むかと思えば、乱れ髪をよしとする。明《みん》代の文人画家・沈石田《しんせきでん》の水墨画を愛し、レンブラントの油絵を愛す。ああ、この世で最も多愛なのは進化神なのです。

でも、進化の神が憎むものが一つだけあります。これを知っておく必要がある。とりわけ政治家は知っておかねばならない。進化の神の憎むことを政治家が知らなければ、すさまじい禍をもたらすでしょう。我々のような書生が進化の神が憎むことを知らずに発言し活動したとしても、禍は自分一人だけのことです。知らずに本を書いても、本が売れないだけのこと。陰謀を企てても、わが身が数年投獄されるか絞首刑にあうくらいのものです。

しかし政治家が、知らずに政治を行えば、何千万の人びとが禍を被るでしょう。ああ恐るべきことです。では進化神の憎むものとは何でしょうか。それは時と場所を知らずに発言し行動することです……。いや、僕は間違えました。たとえ政治家が時と場所を知らずに政治を行って多数の人びとが禍を被ったとしても、その痕跡を分析して学者はこう言うに違いない。これは自然とこうならざるを得ない理由があってこうなったのだと。でも、必然的にそうなる理由があってなったのなら、進化の神は当然、好むはずです。憎むことはあり得ません。ですから学者に王安石《おうあんせき》の改革を論じさせたら、『もともとこれはそうならざるを得なかったからこうなったのだ』と必ず言うはずです。

以上から、今も昔も行われた事業は、すべて進化の神が好んだものだったことが分かる。では進化の神が憎むのは何なのでしょうか。その時とその場所で決して行うことができないのに、実行しようと欲することだけなのです。紳士君、君の言うことは今の時点で、この場所において絶対に行うことができる行為なのでしょうか。あるいは絶対に実行することはできないことなのでしょうか。

紳士君はとても進化の神を尊敬している方です。僕は君の言ったことに関連して、進化の原理によって批評してみましょう。僕を非難しないでくださいね。

紳士君は平等の制度を主張し、公爵以下五等の爵位を進化の神が憎んでいて、岩石に例えられた。これは全くの間違いです。もし進化の神が爵位を憎むなら、なぜ従来の五等の爵位のほかに、さらに新たに貴族を打ち出したりしたのでしょうか。アジアの進化神はもともと爵位が好きなのです。だから旧貴族も新貴族とともに健康かつよく食べよく飲むのです。真夏に熱病が大流行し、石炭酸液を門口に注いだものの、伝染収まらず十万人の死者をだして火葬するに至った。なのに新旧貴族は感染せず健康である。一般庶民や貧乏人は親子、夫婦が車に乗せられ隔離病院や火葬場に連れていかれる。新旧貴族は依然として邸宅にいて、侍女や妾《めかけ》が傍らから大きな扇であおぎ涼しい風を送って皆健康である。僕からすれば、アジアの進化神は、貴族を好み庶民を憎んでいるようなものです。紳士君の言うことに反しているようです……」

南海先生はここで急に居住まいを正して、「僕の発言は少し冗談が過ぎた。二人とも許しておくれ。」

南海先生はさらに一杯あおってから、「紳士君はひたすら民主制度を主張するが、恐らく政治の本質をまだ知らないようだ。政治の本質とは何か。国民の意向に添い、国民の知的水準にみあい、国民の平穏な楽しみを保ち、福祉の利益を与えることです。もし急に国民の意向に添わず、知識水準にあわない制度を採用すれば、平穏な楽しみと福祉の利益を得られなくなります。

試しに今日、トルコ、ペルシア諸国で民主制度を打ち立てたら、人びとは驚愕《きょうがく》して大騒ぎとなり、最終的に騒乱が勃発《ぼっぱつ》し、国中あっという間に流血の惨事です。それに紳士君のいわゆる進化の原理に依拠して考えてみても、専制から出発して立憲制になり、立憲制から民主制になることはまさしく政治社会の行程です。なのに専制から一挙に民主制になるのは、決して順序通りではない。なぜなら、帝王の思想や公爵の印象が深く刻印されて、人びとの頭の中の奥底にあるからです。暗黙の寿命を司る神、あるいは護符のようなものであるのに、急に民主制をはじめると、人びとの頭の中は幻惑し混乱してしまう。まさしく心理学的法則です。このとき、二、三人の少数の者たちだけが、民主制度が正義に合致していると喜悦しても、人びとは困惑し大混乱していてはどうしようもない。これは最もはっきりした理論です。

この一節の文章には多少の自負がある

しかも世間のいう民権には、二種類あります。イギリス、フランスの民権は回復的民権である。下から進んでこれを獲得したものです。またもう一つ、上からの恩賜的民権というものがある。上から恵んで与えた民権です。回復的民権は、下から進んでつかんだので、分量の多少は自分の思いのまま定めることができる。一方、恩賜的民権は上から恵んだものだから、分量は自分で決められない。もし恩賜的民権をもらって、直ちに回復的民権に変えようとしたら、順序通りではありません。

ああ、国王や宰相が、力にまかせて自由の権利を人びとに返さない。これこそ動乱の原因で、イギリス、フランス人民が回復的民権の事業をなした理由です。そうでなくて、君主や宰相が時勢を察し、人びとの意向にしたがい、人びとの知識に見合うように努め、適した分量の自由権を与える。官民にとってこれ以上の慶事はありません。危険をおかし、死を賭して多額の金をつかむより、いながらにして相応の金を得る方がよい。たとえ恩賜的民権の量が、どれほど少なかろうと、本質的には回復的民権と何も違いません。だから私たち人民が、恩賜的民権をしっかり守り、大切にし、道徳心と学問の教養で育てる。すると時勢と社会がますます進歩するにつれて、次第に丸々と成長し、回復的民権とおなじようになる。これはまさに進化の原理です。

紳士君、紳士君、思想は種子です。脳髄は田地です。あなたが本当に民主主義思想を好きなら、口頭で伝え、本を書いて、その種を人びとの脳髄に植えつけてください。すると数百年後、国中に美しく繁茂するかもしれません。ただ、今はまだ人びとの脳髄に帝王や貴族の草花が根をはびこらせているのに、あなたの脳髄に一粒だけ民主主義の種が発芽している。ここから急に豊穣な民主主義の収穫を得ようとするのは間違いです。

よって人びとの脳髄は過去の思想の貯蔵庫です。社会の事業は過去の思想が発現したものです。もし新たな事業を打ち立てようとするなら、一旦その思想を人びとの脳髄に入れて、過去の思想にしなければなりません。なぜなら、事業はつねに現在に成果がでますが、思想はいつも過去において、原因という形をとるからです。紳士君、一度でいいから歴史を紐解いてみてください。すべての国の出来事はすべての国の思想の結果です。思想と事業はたがいに重なり連なりあい、紆余曲折の線を描くのが万国の歴史です。思想が事業を生み、事業が思想を生んで、こうして転変止まざることが進化の神の進路です。だから進化の神は社会の頭上に厳かに君臨してはいない。また社会の足下に潜伏しているのでもない。人びとの頭脳にうずくまっているのです。進化の神は、人びとの思想が合わさって、一つの円を成している。紳士君、もしあなたが、あなた一人の脳髄にある思想を崇《あが》めて、他の人びとに進化の神と認めさせ、崇拝させようとしたとしましょう。それはまるで紙のうえに墨で書いた一点を、人びとに完璧な円形であると認めさせているようなものです。これでは思想的専制です。進化の神は喜びませんし、学者は自戒すべきです。

ヴィクトル・ユゴーの全集にもバイロン卿の全集にも見当たらない

時代は画布であり、思想は絵の具であり、事業は絵画です。だから一時代の社会は一幅の絵画なのです。紳士君、あなたがもし調合できていない絵の具で、将来像を現在の紙に描こうとしたら、まったく常軌を逸しています。でもあなたが今、努力して思想の絵の具の調合を怠らなければ、百年後、絵の具は湧きあがり、社会という小皿の中に溢《あふ》れることでしょう。そして時代の画布にその時の事業の絵を描けば、過去の思想の色彩は燦然《さんぜん》と輝き注目されるでしょう。人びとはルーベンスを凌駕《りょうが》し、プーサンを超える素晴らしい作品だと言うでしょう。

それにあなた方が、積極と消極の極論に固執して、一方はいまだ不十分な新思想を目指して盲進しようとする。他方は過去の古い芝居を懐かしんでむやみと退却しようとする。それぞれの考えは全く違うように見えるが、僕の観察する限り、病原は実はおなじなのです。一つとは何か。それは思い込みです。あなた方はヨーロッパ諸国が百万の強兵を養い、千万の軍艦を建造し、互いに噛みつき合い、またしばしばアジアに現われ荒らしまわるのを目撃する。そしていつの日か必ず夥しい数の戦艦で武装して侵略に来るだろうと思い込む。両極端な意見がでる理由です。紳士君は民主制によって敵意を表す兵力を撤廃し、ヨーロッパに先んじて攻撃を避けようとします。一方、豪傑君は大いに外国征服の兵をだし、他国を占領して領土を拡張し、ヨーロッパの混乱に乗じて巨大な利益を得ようとする。どちらもヨーロッパ情勢に対する思い込みによるものです。

僕がヨーロッパ情勢を見た場合、今日、プロイセンとフランスがさかんに兵力を伸長し、非常に緊迫しているようだが、実はそうではない。両国が小規模に兵力を伸ばすときは開戦するかもしれない。だが、大いに兵力を伸長しているので、戦争になることはありません。なぜか。お二人とも冬の日に子供が雪だるまを作るのを見たことがありませんか。当初、さほど大きくない間は、前後左右に思いのまま転がすことができるが、次第に巨大な円球になってしまうと、力を込めて押しても動かすことができなくなる。今、プロイセンとフランスという二人の子供は、競って雪玉を転がしどんどん大きくして、相手に勝ろうとし続けている。プロイセンが一万増強すれば、フランスもまた一万増強し、プロイセンが二万増強すればフランスまた同じように増やす。雪だるまは年々ますます大きくなっていく。そしてロシアとイギリスが傍観して、二つの雪だるまが接触するのを待っている。でも子供ふたりは、それぞれ庭に残雪がある限り、どんどん玉を大きくしようとし、急いで門外に押し出そうとはしない。庭の雪がなくなるころには、二つの玉は砕けて粉々になってしまうだけでしょう。

しかも万国平和論はまだ実行できなくても、国家間の交際で道徳主義は次第に範囲を広げ、腕力主義は次第に範囲を狭めるのは自然の趨勢である。紳士君がいう進化神の進路です。だからロシアが勢力をアジアに展開し、土地を占領してイギリス領インドを侵そうとしても、そう簡単に手を下すには至っていない。各国はみな外交政策では、もっぱら腕力を頼んで道徳を軽視するようですが、世間の人が想像しているほど、ひどいとは僕は思わない。もしプロイセン、フランス、イギリス、ロシアのうち、一国だけ最強で他三国に抜きんでてしまうと、腕力にまかせてやりたい放題あばれ、全く万国公法を顧みないが、今はそうではありません。四カ国の勢力はだいたい均衡しているので、やむを得ずある程度国際法を守らねばならない。小国群が併呑の危険を免れているのはこのためです。

しかも国家というものは、多くの意欲の集合体であって、君主、官僚、議員、庶民がいて、構造はきわめて複雑です。よって、方向を決定し行動をおこすのも、一個人のように簡単にはいきません。たとえば国家の行動を一個人のように軽快にしたら、強い者はつねにほしいまま暴力を行使し、弱者は必ず損害を受けることでしょう。幸いそうならないのは、一万人の兵力をだし、百艘の軍艦を派遣しようとする際には、君主も宰相も官僚も議院も新聞も議論をする。一個人が裾をからげて、棍棒をもって歩いて喧嘩《けんか》に行くようにはいかない。まさしくイギリスのゴルドン将軍がアラビアの砂漠で命を落とした理由だし、クールベー提督がその最期をベトナムの熱気の中でむかえた理由です。だからヨーロッパ諸国の兵力はトラやライオンのようであり、議院と新聞は鉄条網のようなものです。また勢力均衡主義や万国公法の約束があって、暗黙の裡《うち》に各国の足かせになっているので、獰猛なトラやライオンが、始終口をひらき、舌をちらつかせても、思いどおり噛みつくことはできません。だから僕は、紳士君の民主制度あるいは豪傑君の侵略主義は、いずれもヨーロッパ列強の情勢を思い込み過ぎたためだと言っているのです。」

二人は異口同音に、「もしある日、彼らが猛々しく襲ってきたときは、先生はいったい、どう待ち受けるおつもりですか。」

南海先生は、「彼らが他国の評価を考慮せず、国際法の議論を気にせず、議会の議論を無視して、ずる賢くあえて攻めてくるなら、僕はひたすら力を尽くして守り、国民すべてが兵士となって要衝に立てこもり、あるいは不意打ちで進撃し、予想もつかない進退出没をおこなう。敵は客体でこちらが主体となり、敵に義はなく我は正義である。わが将校と兵士が敵愾心《てきがいしん》をますます高めれば、どうして自主防衛できないことなどありましょう。軍人の職に服務している者は、当然、思いもつかぬ戦略があるはずです。しかもわがアジアの兵がヨーロッパの兵に対抗できない場合、紳士君の民主国や豪傑君の新大国はすべて失敗するだけのことです。僕にも別段、奇策があるわけではない。僕ばかりか、イギリス、フランス諸国が互いに戦う場合も、別段、奇策があるわけではないのだ。要するに、わがアジア諸国の兵は、侵略しようと思っても不十分だが、守るには十分なのです。だから平時から十分に訓練し鋭気を養っておけば、自主防衛できないと心配する必要はありません。どうして紳士君の言う通り、抵抗せず死を待つ必要がありましょう。またどうして豪傑君の計略にならって、隣国の恨みを買う必要性があるでしょうか。

そもそも、豪傑君のいわゆるアフリカかアジアの一大国がどこを指すのか、僕にはわからない。ただもしアジアにあるなら、ともに同盟して兄弟国となり、平時も危機もお互いに助け合うべきです。むやみに武力を発動し、軽々しく隣国を挑発し、弾丸で無実の人びとの命を奪うのは最低の計略です。例えば中国は風俗習慣から見ても、文物や品格、地勢から見ても、アジアの小国は友好を厚く確固たるものにするのは当然で、互いに恨みを押し付けるべきではない。国家がますます生産物を増産し、物資が豊かになると、広大な中国の国土と莫大な人口は、まことにわが国の一大販路となり、無尽蔵の利益の源泉です。こうしたことを考えず、一時的な国威発揚の思いによって、些細な言葉の食い違いを名目に、むやみに争いを煽《あお》るのは、僕は最低の策略だと思います。

論者によっては、『中国はもともと長い間、わが国に恨みを晴らそうと思っている。こちらがたとえ礼を厚くし、友好を深く結ぼうとしても、他の小国との関係から中国はつねに怒りの情念を抱いている。だから一旦チャンスさえあれば、ヨーロッパ列強と共謀し、条約を結んでわが国を排斥する。わが国を列強の餌食にして、自国に利益があるようにするかもしれない』と言うかもしれない。だが僕の考えは、中国の心構えは必ずしもこのようなものではない。大体において、国家同士が恨みあう理由は事実ではなく、デマからなのです。事実を洞察すると全く疑問の余地がないのに、デマで憶測するととても恐ろしいことになるでしょう。各国が互いに疑うのは神経症だからです。青色の眼鏡をつけて物を見れば、すべては青色に見えてしまう。僕はいつも、外交家の眼鏡が無色透明でないことを憐れんでいるのです。

よって、両国が開戦するのは、互いに戦争好きだからではなくて、まさに戦争を恐れているがためなのです。こちらが相手を恐れるので急に兵を整える。すると相手も又こちらを恐れ、いきなり兵を整える。両者の神経症は日ごとにはげしさを増し、さらに新聞なるものがある。新聞は各国の実情とデマを並立に掲載して区別しない。ひどくなるとノイローゼ症状の記事を書いて、一種異様な色つきの記事を世間に伝えてしまうわけです。こうして互いを牽制《けんせい》する両国は、ますます神経を錯乱し、先んずれば人を制す、先制攻撃するのがよいと考えてしまう。こうして両国は戦争を恐れていたのに急に逆ブレし、おのずと開戦してしまう。これが古今、あらゆる国が戦争をはじめる実態なのです。もし片方の国が神経症でない場合、たいてい戦争にはなりません。たとえ戦争になったとしても、戦略には必ず防禦を中心とした余裕があり、大義があるので、文明史において絶対に批判されません。

論者によってはこう言うでしょう、『広大な中国は今まさに末世にあたり、革命の時期に際会している。民間から一人の英雄が絶対にでてきて権力を掌握しなければ、瓦解《がかい》するのを結局は止められないのだ』と。思うに、これは中国古来の歴代皇帝の統治年数から推測し、現在の愛新覚羅《あいしんかくら》氏にあてているにすぎない。現状にあっていると は言えません。なぜなら歴代皇帝の治世で言えば、愛新覚羅氏の統治は腐敗し、崩壊するように思えるが、幸いなことにヨーロッパ文明の活力が西方より吹いてきているので、枯れかけた老木が急に生気を取り戻し、枝葉が青々として再び辺りに木陰をつくっている。しかも今、政治に関わり辮髪《べんぱつ》社会の中心にある者はみな才能ある人物で、とりわけ陸海軍に心を砕き、豊富な財力によって一気にヨーロッパ文明の効果を買い取り、艦船は日増しに増強され、要塞もどんどん築き、兵制も一変してヨーロッパ列強を模倣しようとしています。どうして簡単に侮れる相手でしょうか。要するに外交上の良策は、どの国であってもともに和親を深め、やむを得ない場合は防禦の戦略をとる。遠方への出征にともなう浪費を避けて、人びとの肩の荷を軽くすることです。こちらがむやみに外交上の神経症を起こさなければ、中国もこちらを敵視することはないでしょう。」

南海先生はごまかした

洋学紳士が言うには、「先生のご意見は比喩《ひゆ》に富んでいて、形容が多く、きわめて面白いですが、本筋がどこにあるのか、漠然として影をとらえるようです。先生、お願いですからご趣旨の要点をかいつまんでお示しください。」

豪傑の客が言うには、「先生の議論は、私たち二人の意見をひとつも採用なさいませんでした。お願いです、わが国将来の国家像について、先生のお考えを述べ、お教えください。」

南海先生はそこで言った、「ただ立憲制度を設け、上は天皇陛下の尊厳と栄光を、下は万民の福祉を増してゆく。上下両院を設置して、上院の代議士は貴族をあてて世襲とする。下院の代議士は選挙で選ぶだけのことです。細かい規則は欧米諸国の現行憲法をもって、その採用すべきは採用するだけのこと。つまり一時に論じ尽くせるものではありません。外交方針については、努めて和親を重んじ、国体を傷つけないかぎり、絶対に威勢や武力を誇示することなく、言論、出版などさまざまな規則は徐々にゆるやかにしていく。教育や商工業は、徐々に拡充していく、などです。」

二人の客はこの言葉を聞くや否や、笑って言いました。「私たちは、先生の持論は奇抜であるとお聞きしました。もし単にこれだけならば、別段、奇説でないし、今どきの子供や使いの者でも知っているくらいです。」

南海先生が居住まいを正して言うには、「普段の暇つぶしのお題なら、奇をてらい、珍しさを競って、その場の笑い話にしてももちろん問題ありません。しかし国家百年の大計を論じる場合、どうして奇抜や新味を看板にして快楽とできるでしょうか。ただ、僕は頑固者で時事に疎いから、言うことの多くが切実さを欠いて、たぶんあなたがたの期待に添えなかっただけでしょう。」

そして三人は再び互いに盃を交わし、ブランデーはとっくにないので、ビールを一、二本とってきて、それぞれ渇きを癒《いや》した。さらにしばらく話し合っていると、隣の家の鶏がいきなり夜明けを告げ知らせた。二人の客は驚いて「失礼いたしましょう」と言った。

南海先生が笑って言った、「あなたたちはまだ気づきませんか。あなたたちがおいでくださってから、鶏が夜明けを告げること、もう二回目なんですよ。家に帰るとすでに二、三年経過したことに気づくでしょう。これが我が家の時の流れなのですよ。」二人の客もまた呵々《かか》大笑して帰っていった。その後、十日ほどでできたのが、この『経綸問答』である。

二人の客はもうこない。聞くところによると、洋学紳士は北米に遊学し、豪傑の客は上海《シャンハイ》に渡ったと。そして南海先生はと言えば、相変わらず酒ばかり飲んでいる。

三酔人経綸問答　原文

＊日本近代文学館所蔵の中江篤介（兆民）『三酔人經綸問答：全』（集成社書店、明治二十年五月発行）を底本とした。

＊句読点、仮名の濁音・半濁音、段落冒頭の字下げは底本の表記に従った。漢字は可能な限り底本の表記に従ったが、一致する字形のないもの、明らかな誤字とみられるものは改めた。変体仮名は通常の仮名として表記した。他出に鑑みて明らかな誤字とみられるものは正した。

＊底本では、本文を囲む二重罫線の上部に「眉批」（例「南海先生斯社會の地理を知らす」）が記されている。本文中の対応する箇所にゴシック体で小書きした。

中江篤介著

三醉人經綸問答　全

東京　集成社發兌

集成社書店版の表紙

南海先生斯社會の地理を知らす

に在るも心ハ常に藐姑射の山に登り無何有の鄕に游ふか故に其說く所の地誌其述る所の歷史ハ斯社會の地誌歷史と唯名稱を同くするのみにして事實ハ往々齟齬することあり但先生の地誌にも氣候寒冷の邦有り溫煖の邦有り强大の國有り弱小の國有り文明の俗有り野蠻の俗有り其歷史にも治有り亂有り盛有り衰有りて極て斯世界の地誌歷史に切當することも間ま之有り又更に飮むこと二三瓶なれは耳熱し目眩らみ腕奮ひ趾揚かり發越飛騰して其末や昏倒して前後を知らす旣にして二三時間睡眠し酒醒め夢回へる時ハ凡そ醉裡に言ひし事又ハ爲せし事ハ一掃して痕迹を留ることなく俗に所謂狐憑の落たるに似たり先生の知人又ハ先生の人と爲りを傳聞する者先生醉裡の奇論を聽くか爲め酒一樽肴一籠を攜へ先生の廬を訪ひ共に觴を擧け七八分の醉を覗ふて故らに邦家の務を話出し先生の說を釣り出して一時の樂と

二

「眉批」の掲載例

三醉人經綸問答　目次

三醉人經綸問答

南海仙漁 著

南海先生性酷《はなは》た酒を嗜《この》み又酷た政事を論することを好む而して其酒を飲むや僅に一二小瓶を醻《のみほ》す時は醺然《くんぜん》として醉ひ意氣飄搖《ひょうよう》として大虚に游飛するか如く目怡《よろこ》ひ耳娯《たのし》み絶て世界中憂苦なる者有るを知らす更に飲むこと二三瓶なれは心神頓《とみ》に激昂し思想頻《しきり》に坌湧《ほんゆう》し身は一斗室《いちとうしつ》の中に在るも眼は全世界を通觀し瞬息の間を以て千歳の前に溯り千歳の後に跨り世界の航路を指示し社會の方針を講授して自ら思ふ我は是れ人類處世の道の指南車なり世の政事的の近眼者か妄《みだり》に羅針盤を執り其船を導きて或は礁《しょう》に觸れしめ或は沙に膠《こう》せしめ自ら禍ひし人に禍ひすること實に憫れむ可きの至なりと然れとも先生身は斯《し》世界に在るも心は常に藐姑射《はこや》の山に登り無何有《むかゆう》の郷に游ふか故に其說く所の地誌其述る所の歴史は斯社會の地誌歴史と唯名稱を同くするのみにして事實は往々齟齬することあり但先生の地誌にも氣候寒冷の邦有り温煖の邦有り強大の國有り弱小の國有り文明の俗有り野蠻の俗有り其歴史にも治有

南海先生斯社會の地理を知らす

り亂有り盛有り衰有りて極て斯世界の地誌歷史に切當することも間ま之有り又更に飮むこと二三瓶なれは耳熱し目眩らみ腕奪ひ趾《あし》揚かり發越飛騰して其末や昏倒して前後を知らす既にして二三時間睡眠し酒醒め夢回《か》へる時は凡そ醉裡《り》に言ひし事又は爲せし事は一掃して痕迹《こんせき》を留ることなく俗に所謂狐憑の落たるに似たり先生の知人又は先生の人と爲りを傳聞する者先生醉裡の奇論を聽くか爲め酒一樽肴一籠を携へ先生の廬《いおり》を訪ひ共に觴《さかずき》を擧け七八分の醉を覘《ねろ》ふて故《ことさ》らに邦家の務を話出し先生の説を釣り出して一時の樂と爲す者往々之有りて先生も亦少く自ら省知せり因て念《おも》ふに吾れ近日又邦國の事を説話する時は痛く醉はさるの前に於て其中緊要の條項は一々記し置き他日再ひ取出し敷演して一篇の册子を綴成《てっせい》する時は或は自ら樂み人を娯ましむることを得ん然り然りと近日霖雨《りんう》濛々《もうもう》として連日開かす情意鬱陶として極て不快を覺へり適々一日先生酒を呼ひ獨酌して既に夫の醺然歩虛の境界に至りたる折柄兩人の客有り金斧《きんぷ》と號する洋火酒を齎《もたら》して至れり先生未た一面の識有らす又其名姓を知らさるも其洋火酒を一見するや早已に二三分の醉を増たる心地せり其一人は冠履被服並に洋裝にて鼻目俊爽

民主家と侵伐家と南海先生を訪ふ

に軀《く》幹頎秀《かんきしゅう》に擧止發越に言辭明辨にして定て是れ思想の閨中《けいちゅう》に生活し理義の空氣を呼吸し論理の直線に循《したご》ふて前往して實際迂曲の逕路に由ることを屑《いさぎよ》しとせさる一個の理學士なるへし今一人は丈高く腕太く面蒼く目深く

飛白の套や短後の袴や一見して其偉大を好み奇険を喜ひ性命の重を餌にして功名の樂を釣る豪傑社會の人種たるを知る可し坐定まり禮畢《おわ》り徐《おもむろ》に彼洋火酒を傾け賓主獻酬《ひんしゅけんしゅう》して漸く佳境に入るに及ひ先生輒《すなわ》ち一人の客を呼て紳士君と稱し今一人を呼て豪傑君と稱して其名姓を問はす客も亦笑ふて敢て嗔《いか》らす頃《しばらく》ありて洋學紳士遽《にわか》に云けるに僕久く先生の高名を聞けり先生の學東西を該《か》ね先生の識古今を串《つらぬ》くと僕も亦宇内《うだい》の形勢に於て竊《ひそか》に看破する有り願くは先生に就て一たひ之を質すことを得ん

嗚呼民主の制度なる哉民主の制度なる哉　君相專擅《くんしょうせんせん》の制は愚昧にして自ら其過を覺らさる者なり立憲の制は其過を知りて僅に其半を改むる者なり民主の制は磊々落々《らいらいらくらい》として其胸中半點の塵汚無き者なり歐洲諸國は既に自由平等友愛の三大理を覺知しなから何故に民主の制に循へさる邦國猶ほ多きに居る乎何故に極て道德の義に反し極て經濟の理に背きて國財を蠹蝕《としょく》する數十百萬の常備軍を蓄へ浮虚の功名を競ふか爲めに無辜《むこ》の民をして相共に屠斬せしむるや文明の運に於て後進なる一小邦にして頭を昻《あ》けて亞細亞の邊陬《へんすう》より崛起《くっき》し一蹴して自由友愛の境界に跳入し堡壘《ほうるい》を夷《たい》らけ熕礮《こうほう》を銷《とか》し艦を船にし卒を人にし專ら道德の學を究め工伎の術を講し純然たる理學の兒子と成るに於ては彼文明を以て自ら夸《ほこ》る歐洲諸國の人士は能く心に愧《はず》ること無き乎彼れ或は兇頑《きょうがん》にして心に愧《はじ》さるのみならす我れの兵備を撤するに乘し悍然《かんぜん》として來冦する時は吾儕《わがせい》尺

寸の鐵を帶ひす一粒の彈を挾《さしは》さます迎へて之を禮せは彼れ果て何事を爲す可き乎劒を揮ふて風を斬らんに劒如何に鋭利なるも風の飄忽《ひようこつ》茫漠たるを奈何せん我れ其れ風と爲らん哉

海防は野母の極點なり

弱小の邦に據りて强大の邦と交はる者は彼れの萬分の一にも足らさる有形の腕力を奪ふは鷄卵を巖石に投すると一般なり彼れ文明を以て自ら誇れり然れは則ち彼れ固《もと》より文明の原質なる理義の心無きの理有らす然れは則ち我小邦たる者何そ彼れの心に慕ふて未た履行すること能はさる無形の理義を以て兵備と爲さる乎自由を以て軍隊と爲し艦隊と爲し平等を以て堡塞《ほうさい》と爲し友愛を以て劒砲と爲すときは天下豈《あに》當る者有らん哉若し然らすして我れ專ら我堡壘を恃《たの》み我劒砲を恃み我兵衆を恃む時は彼も亦其堡壘を恃み其劒砲を恃み其兵衆を恃むか故に其堡壘最固き者劒砲最利なる者兵衆最多き者必す勝を得んのみ是れ算數の理なり極めて明白の理なり何を苦みて此明白の理に抵抗することを試むる乎彼れ果て兵を引て敢て我邦に來り據らん乎土地は共有物なり彼れ居り我れ居り彼れ留り我れ留まらんには何の葛藤か有る乎彼果て我田を奪ふて耕し我屋を奪ふて入り或は重稅して我を苦むる乎忍耐力に富む者は忍耐せんのみ忍耐力に富まさる者は各々自ら計を爲さんのみ我れ今日甲の國に居る故に甲國人なり我れ明日乙の國に居れは又乙國人ならんのみ大刧會《だいごうえ》の期未た至らすして我人類の故郷たる地球猶ほ

生活する間は世界萬國皆我宅地に非す乎」

嗚呼彼れ無禮にして我れ有禮に彼れ非理にして我れ理に合し彼れの文明は野蠻にして我れの野蠻は文明なり彼れ怒りて暴を肆《ほしい》まゝにし我れ笑ふて仁を守らんには彼れ果て我を奈何せんプラトンや孟軻《もうか》やスペンセルやマルブランシやアリストットやウィクトル、ユゴーや我を何と謂はん乎宇内萬國の士傍觀する者之を何亞細亞の小島より無形の一大國出來れりと謂はん乎ノエーの大洪水以前は知らす大洪水以後未た此の如き先例有らさるは眞に怪む可き哉何そ我より古を爲さゝる乎

豪傑の客は是言を聞き洋學紳士に向ふて曰く君は狂せしに非さる乎狂せり狂せり六尺男兒百千萬人相聚《あつま》りて一國を爲しなから一刀刃を報せす一彈丸を酬《むく》ひすして坐なから敵寇の爲に奪はれて敢て抗拒せさるとは狂人の所爲に非す乎僕は幸に未た狂せす先生も亦狂せす他の同國人も亦狂せす何そ紳士君の言の如く…………

南海先生笑つて曰く豪傑君姑《しばら》く之を待て紳士君をして其論を畢らしめよ

豪傑の客も亦笑つて曰く唯《い》

洋學紳士又云ひけるは凡そ政事家を以て自ら任する者は皆政理的進化の神を崇奉する僧侶と謂ふも可なり果て然らは獨り意を現前に注くのみならす亦心を將來に留む可きなり何そや彼進化神は進むことを好みて退くことを好ますして其進往するに方《あた》り幸に

道路坦直《たんちょく》にして清潔なる時は大に善し即ち巖石凸立して輪を礙《ささ》へ荆棘《けいきょく》茂生して蹄を没することと有るも夫の進化神は畧《ほ》ほ沮喪《そそう》すること無く更に益々奮激し趾《あし》を擧けて一蹴し踏過して顧みすして頑迷なる人民か相共に腦を裂き肝を破り街衢《がいく》上血を湛へて所謂革命の活劇を演するに至るも夫の神は當然の結果なりと看做して少も怯《おそ》るゝこと無し故に身を以て夫の神に奉事する政事家の僧侶たる者は當に務て豫《あらかじ》め巖石を去り荆棘を除き夫の神をして威怒を奮ふことを要せさらしむ可し此れ進化宗僧侶の本分の職なり巖石とは何ぞや平等の理に反する制度是なり荆棘とは何そや自由の義に戻る法律是なり英王査理《チャールス》第一の時佛王路易《ルイ》第十六の時宰相大臣政柄を秉《と》る者眼を豁《かっ》し胸を洞《とう》し早く時勢を察し豫め世運を料《はか》り夫の進化神の爲に道路を掃滌《そうでき》することを知りしならは何そ必すしも禍亂を釀出するに至らん顧《おも》ふに英國の事は其以前に於て鑒戒《かんかい》する所無くして畢竟創始に屬せしか故に政綱を執る者豫め備を爲すことを省知せすして敗衂《はいじく》の禍を取りたるも猶ほ頗《すこぶ》る恕《じょ》す可き者有り佛國に至りては一世紀の前、一衣帯水の外、現に英吉利《イギリス》に於て慘烈の禍有りしを見なから恬然《てんぜん》として悟らす區々として姑息苟偸《こうゆ》の策を恃み歳月を玩愒《がんかい》し一時を糊塗し禍亂の症徴已に發するに及ても猶且つ疾を諱《い》みて名醫に依賴すること無く或は依遲《いち》猶豫して民心を猜《うたが》はしめ或は抵忤觸冒《ていごしょくぼう》して民情を激せしめ其末や無前の奇禍を蒸出し膏血《こうけつ》都邑に汎濫し一國を擧け變して屠場と爲らしむるに

至りたるは果して夫の進化神の罪なる乎將《は》た進化宗僧侶の罪なる乎

曩《さき》に王路易第十五の時若くは王路易第十六在位の初年に於て宰相大臣たる者假に身を數十百年の後に置き同心協力して一々舊規の陋《ろう》を除き易《か》ふるに新圖の美を以てせは王路易第十六の末年に至りては唯一歩を進めて民主平等の制に入るのみにて足らんのみ王路易は則ち悠々然として議院に臨み其冠を脱し其劔を釋《と》きロベスピエール以下の人士を一揖《いちゆう》し温和の顏色にて微笑して曰はん公等之を勉めよ我も亦民籍に入りて國の爲めに力を効《いた》さんと因て妻子を携へ州郡沃饒《よくじょう》の地を擇ひ山水明媚の勝を卜《ぼく》し多く美田宅

法朗西王路易第十六幸福を得たり

を買ひ優遊以て身を終へて高踏勇退の美名をも後世に施すことを得たらんのみ猶ほ一言せんに佛蘭西をして前に英國の鑒戒無からしめは其宰相大臣は深く咎むるに足らすして僕の論は迂《う》に非されは刻なり唯其れ烱然《けいぜん》たる鑒戒有りて猶ほ鑒戒することを知らす前車覆へりて後車進めり是れ當時佛蘭西の宰相大臣は好て奇禍を後人に遺りしと謂ふ可し夫の進化神を妨阻したる魔敵なりと謂ふ可し王路易を擠陷《せいかん》したる罪人なりと謂ふ可し

洋學紳士更に一杯を釂して又云ひけるは所謂車は流水の如く馬は游龍の如く高帽を被むり濶袍《かつぽう》を穿ち大逵《だいき》通衢《つうく》の中男女雜沓の群を貫串し飛過して顧眄《こべん》せす是人や經世の才を抱き治民の志を持し天子を毗《たす》けて廟廊《びょうろう》に趨《はし》るの宰相なる乎將た天姿機敏にして善く

時を覘《うかが》ひ勢を料り賤買して貴販し以て陶朱の富を致せる者耶《か》將た文藝の美學術の巧素よりセルワンテスを奴としパスカルを僕とする奇傑の人士なる耶皆然らさるなり是人や其遠祖某甲曾て旗を搴《と》り將を斬るの功有りしか爲に爵位を授け采地を賜ひ華冑《かちゆう》連綿として今日に至り既に才識無く亦學術無きも祖先の朽骨時々光を墓中より放ち其庇蔭を被むり無作無業にして坐ながら祿秩の豊なるを享《う》け醇酒《じゆんしゆ》を飲み脆肉《ぜいにく》を啗《くら》ひ優游として日を送る所謂貴族と號する一種特別の物體なり嗚呼一國中此の如きの物体數十百個有るに於ては縱令《たと》ひ立憲の制を設けて千百萬の生靈か果て自由の權を得るも平等の大義既に欠る有りて其自由の權は眞成の物に非す何となれは我儕人民朝夕勞苦操作し其獲る所の幾分を納れて租税に供するは已むを得さる所なりと雖とも獨り我施政の事務を委託《いたく》する吏人を食《やし》なふのみならす併せて彼無作無業の物體を食なはさるを得さるときは竟《つい》に眞の自由に非さるなり

王公貴人は腦髓廻轉體の量果て吾儕よりも多くして且つ重き乎胃液の分泌血球の發育果て吾儕よりも富める乎ガールをして其頭腦を相せしめは果て吾儕に區別せん乎若し區別する所有りとせは其區別は果て彼輩の利益と爲る可き者乎吾儕の利益と爲る可き者乎吾れ聞く人類は前腦の發育盛にして獸畜は後腦の發育盛なりと果て然らは………………其生るゝや果て錦繡《きんしゆう》を衣て來りて吾儕の如く赤裸に非さる乎其死するや果て

其骨と肉と朽壊せさる乎還元せさる乎……若し百萬數の國民中三人の貴族有る時は九十九万九千九百九十七人は此三人の爲に自己尊貴の幾分を毀損せらるゝを免れす此も亦算數の理なり極て明白なり……吾儕人民や貴族や皆若干元素より組成したる同一肉塊なり同一肉塊にして其相會するや我肉塊は低頭して叉手《さしゅ》し彼肉塊は竦立《しょうりつ》して微《すこし》く其頭を上下するのみ相話するや我肉塊は彼肉塊を呼て「サヤ」と稱して敬を致す君の義なり又「モンセイニョール」と稱して敬を致す亦君の義なり彼肉塊は我肉塊を呼て何と稱する乎……無禮の甚きに非す乎恥つ可きの甚しきに非す乎

上古の時乎近古の時乎幾千年の前乎幾百年の前乎何の年に在りし乎何の月に在りし乎何の日に在りし乎當時賢者有り仁者有り才有り智有り勇有り能有り是故に其人公と爲り侯と爲り伯と爲り子と爲り男と爲れり其人既に賢者なりき仁者なりき才有りき智有りき勇有りき能有りき是故に其子其孫其曾孫其玄孫其耳孫及ひ其十世の孫百世の孫皆賢なり仁なり才なり智なり勇なり能なり庸人に勝れり今後の子孫も亦當に庸人に勝る可し是れ遺傳の理なり杜撰の推測に非さるなり是故に皆亦公たり侯たり伯たり子たり男たり庸人の上に位せり今後の子孫も亦當に庸人の上に位す可し是れ遺傳の理に適する制度なり不正の設置に非さるなり足下未たダルワン、ハエッチルの物類世々遺傳す

るの說を聞かさる乎……噴飯に堪へさるなり

吾儕數千百萬人は公たらす侯たらず伯たらす子たらす男たらす足下未た其故を知らさる乎吾儕數千百萬人の遠祖は定て皆不賢なりき不仁なりき無能なりき是故に皆公侯伯子男たらさりき是故に吾儕數千百萬人も亦皆公侯伯子男たらさるなり是れ遺傳の理なり吾儕數千百萬人如何に公侯伯子男たらんと欲するも遺傳の理を如何せんや…………噴飯に堪へさるなり

然と雖も凡そ物理の事は皆正格の理と格外の理と有りて存す故に父若くは祖父若くは曾祖父若くは十世の祖若くは百世の祖若くは千萬世の祖不賢不仁不能なりしか爲に貴族と爲ることを得さりしも其子若くは其孫其曾孫其十世百世千萬世の孫或は賢に或は仁に或は能なること時々之有り故に新に貴族と爲ること亦時々之有り所謂格外の理なり今日の學術の未た究むること能はさる所なり解剖學や生理學や動物學や物化學や益々其精微を極むる時は此格外の理も異日必す明らにすることを得可し故に足下必す平等の義を唱道せんと欲せは先つ物理の學を研究せよ…………噴飯に堪へさるなり

八公熊公の爲めに丈有餘の氣を吐く

腕に紅鯉の繡《いれずみ》有り背に青龍の彫《ほりもの》有り衣を脫して盤礴《ばんぱく》し其顏色得意然たる者は破屋の小民なり野蠻の破屋の小民なり渠《か》れ既に八若くは熊の名字有り

て猶ほ足らす必す紅鯉の八と呼ひ青龍の熊と呼ふときは其喜は則ち知る可きなり公侯の爵位は無形の繡彫《しゆうちよう》には非さる乎……………吾れ之を解せり彼れは有形の繡彫なり故に野蠻なり又破屋なり此れは無形の繡彫なり故に文明なり又邸第なり然れとも既に名字有りて又添ゆるに爵名を以てするときは少く彼の紅鯉の八と青龍の熊とに………曰く彼人や國に勳勞有り其職に居て其勳勞有るは當然の事に非す乎平生俸給を享るに非す乎曰く異常の大勳勞あり然らは則ち何そ異常に銭物を與へて之を賞せすして今代流行せさる繡彫を施して天與の身體を害することを爲すや

南海先生も亦一二杯酒を引き且つ曰く紳士君の言は頗る奇なるに似たるも零々砕々にして前後連絡無きを奈何せん

洋學紳士曰く先生の高亮明敏なる僕の錯落の語に於て其取る可きは之を取り其教ゆ可きは之を教へよ若し尋常論理的の規則に循ふ時は陳腐の話頭より説起せさるを得すして恐くは先生の聽を汚すに足らさらん

南海先生曰く否々且つ論理の規則に循ひ次序を逐《お》ふて論述せよ吾れ異日將に綴りて一小册子と爲さんとす

洋學紳士乃ち云ひけるは抑々《そもそも》方今歐洲諸國の形勢を察するに英佛獨魯の四國最强盛にして文藝の美なる學術の精なる農工商賈《しようこ》の昌なる百貨の殷《いん》なる陸には幾千萬の精兵を

屯《たむろ》し海には幾千艘の堅艦を列《つら》ね龍蟠《りゅうばん》の形、虎躍の勢古より以來未た今日の隆《さかん》なるか如き者有らす而して其強盛の勢を槖籥《たくやく》し殷實の富を醞釀《うんじょう》したる所以の者其原由は固より多端なりと雖も要するに自由の大義實に此大厦《たいか》の基礎を爲せり即ち英國の富強なる古先哲王の遺業に沿因せるも其大に發越して力を逞しくせしは査理第一の時自由の波瀾洶湧《きょうゆう》して舊弊の堤防を潰決《かいけつ》したるよりして有名なる大憲令の其間に崛起したる効果最も與りて力有り又佛國の如きも王路易第十四の時早《つと》に軍旅の威を宣《の》へ文藝の光を發して一代の譽を馳《は》せしも要するに專擅社會の窖中《こくちゅう》にて蒸出せし所の菌花たるに過きす して眞に強盛の勢を固定せしは夫の千七百八十九年革命の偉業の賜なりと謂はさる可らす又日耳曼《ゼルマン》に在ても第十八世紀の時孛《ぼっ》王非列垤利《フレデリック》第二の雄勇にして武を四隣に耀《かがやか》せし以來漸く强勢に赴きたるも佛國革命の旨義の未た浸入せさるの前に方りては其邦四分五裂して恰《あたか》も束縄を脱したる薪芻《しんすう》の如くなりしか拿破崙《ナポレオン》第一か共和國指揮官の職を帯ひ革命の旌旗《せいき》を靡《なびか》して維也納《ウインナ》、伯林《ベルリン》の間に雄飛するに及ひ日耳曼の民始て自由の元氣を吸納し友愛の滋液を咽下《いんか》してより以來形勢一變し風俗一改して駸々乎《しんしんこ》として今日の隆盛を致せり魯失亞《ロシア》の如きに至ては版圖の博大なる士馬の數夥なるは固より宇内に冠たるも文物制度に至ては遠く他の三國に遜《ゆず》る有り是れ其抑壓《よくあつ》の遺禍なりと謂はさる可らす人生百般の事業は譬へは猶ほ酒の如し自由は譬へは猶ほ酵母の如し葡萄酒や麥酒や其財料如何に良好なるも若し酵母たる者無きに於ては夫の財料は皆槽底に沈澱して其精氣を沸釀せんと欲するも得可らす專制國の事物は皆酵母無き酒なり皆槽底の沈澱物なり試に專制國の文藝を一觀せよ其中或は觀る可き者有るか如きも細に之を察する時は千年一樣に萬個一種にして變化の態有ること無し凡そ作者の視聽に呈する現象は皆槽底の沈澱物に過きすして作者又其沈澱したる精神を以て之を摸寫す其變態無きこと豈宜《うべ》ならすや

漢學先生請下一轉語

人或は言はん邦國の富强なるは財貨の殷富《いんぷ》なるに由る財貨の殷富なるは學術の精巧なるに由る何となれは物理學や物化學や動植の學や算數の學や其効力を把來《とりきた》りて之を工業實地の際に應用し時間を省き體力を倹して其得る所の貨物多くして且つ精なること大に手指の直に作爲する所に勝る是れ國の殷富なるを致す所以なり國既に殷富なり是に於て精兵を蓄へ堅艦を設け釁《きん》を觀て出征し地を闢《ひら》き境を拓き遠く亞細亞阿非利加《アフリカ》の地を畧有し民を移して市場を置かしめ本土の產を賤買して自國の貨を貴買し利を攫むことを貲《はか》られす工業愈々《いよいよ》熾《さかん》に販路愈々廣くして海陸軍備も亦隨《したご》ふて益々强大なるを致すは自然の勢なり自由の制度に緣由するに非さるなりと嗚呼此れ其一を知りて未た其二を知らさる者なり凡そ人間の事業は盡く相牽聯《けんれん》して交々《こもごも》因果を相爲すと雖も仔細に

考察する時は其間必す眞個の原因の存する有り國の殷富なるは學術の精巧なるに原本し學術の精巧なるは國の殷富なるに原本して是二者交々因果を爲すは勿論なり然れとも當初學術の精巧なるを得たるは畢竟人士智見の開暢《かいちょう》したるか故なり然るに智見一たひ開暢する時は人々獨り學術の上に於て眼を開くのみならす制度の上に於ても亦目を啓《ひら》くに至るは必然の理なり是故に古來何れの國にても學術の進闡《しんせん》したる世代は必す政論の隆興したる時候なり學術や政論や一個智見の根幹より發生する枝葉花實なるか故なり」

夫れ智見一たひ暢發し政論一たひ隆興する時は自由の旨義頓に百般事業の大目的と成りて學士や藝人や農や工や商賈や苟《いやしく》も一事業を執る者は皆肆《ほしいまま》に己の思想を伸はし己の意志を達して拘束の患に遇はさることを願ふて斯《この》一念日夜胸間に往來して復た除去る可らす是時に於て在上の人若し事勢を達觀し人情を洞察し權を戀ひ勢を貪るの鄙《ひ》念《ねん》を擺脫《はいだつ》し民間志士の先に立ち舊弊の窻障《そうしょう》を廓除して自由の大氣を流通する時は社會の機關其運轉を逞くし老廢の渣滓《さし》は自然に排泄せられ新鮮の滋液は自然に吸収せられて學士は益々其議論を精にすることを思ひ藝人は益々其意匠を巧にすることを思ひ農工商賈百般の人皆益々其業を勉勵し上下共に利澤に霑《うるお》ふて所謂殷富の勢を成すことを得るは亦自然の勢なり僕故に曰く或人の論は其一を知りて未た其二を知らすと

且夫れ世界の大勢は進むこと有りて退くこと無し是れ事物の常理なり此理や古昔希臘《ギリシア》に在りて學士輩早已に之を窺測《きそく》する有りて即ちヱラクリットか水流を渉《わた》らんとして先つ一足を投し遽に嘆息して「我か今踏破りたる水は已に遠く流れ去りたり」と云ひしは正に此理に感發したるなり但當時考驗の法式未た具備せすして學術猶ほ幼稚《ようち》に屬せしか爲に其言ふ所竟に浮誇の態有るを免れさりき其後第十八世紀の時佛人ヂデロー、コンドルセーの徒は特に人類社會の中に於て此進歩の理の常々行はれて間斷無きことを發見せしか佛人ラマルク出るに及ひ動植の學を研究し始て各種の物皆世代逐ふて變化して永く一定の種族中に居るに非さるの説を唱へ爾來日耳曼ギョート佛蘭西ジューフロアー皆ラマルクの説を擴廓して漸く精微に赴き英人ダルワンに至り其宏博の學と深邃《しんすい》の識とに資《と》り加ふるに考驗の法式其精微を極め生類の母子相傳へて輾轉《てんてん》化成するの理を求め及ひ特に吾々人類の始祖の出てし所を捜抉《そうけつ》して其秘蘊《ひうん》を發してより彼ラマルク以下學士の髣髴《ほうふつ》として窺破《きは》せし所の進化の至理始て大に世に表白するに至れり是に於て凡そ世界萬彙《ばんい》の蕃庶《はんしょ》なる日月星辰や河海山嶽や動植昆虫や社會や人事や制度や文藝や皆盡く此進化の一理に支配せられて漸々徐々に前往して已む時無きこと復疑を容れす請ふ更に細に之を論せん

夫れ所謂進化とは不定の形よりして完全の形に赴き不粹の態よりして精粹の態に移る

を謂ふ是なり汎《ひろ》く之を言へは初め醜なりし者終に美と成り前に悪なりし者後に佳と成るの義なり即ち動物の類に在りては其初若干原素の相ひ混融して粘滑《ねんかつ》の一凝塊を成して消化機呼吸機等の構造無く唯蠕々然《ぜんぜんぜん》として縮張し全身の表面よりして食物を吸攝し又其背面よりして渣滓を排泄して僅に生を保ちしも外間元素社會の刺衝力《ししようりよく》と自己細胞組織の發暢力と互に觸れ交々接して或は肺を生し或は胃を生し更に大に進漸するに及ひては頭腦脊髓の靈なるより神經繊維の敏なるに至るまて具備せさる莫《な》し是れ動物的進化の理の發顯なり人事も猶ほ此の如きなり其初め穴居して野處し拾食して掬飮《きくいん》し男女の交有りて夫婦の契無かりしも寖《ようや》くにして木を架し石を累《かさ》ねて屋宅斯《ここ》に興り或は逐獵し或は耕耨《こうどう》し男は外に操作し女は内に經營して子を育ひ孫を長するに至るが如きは是れ人事的進化の理の發顯なり

政事の點に就て言へは其初め强者は弱者を凌き智者は愚者を欺き脅迫壓服して主人と爲り畏懾《いしよう》屈從して奴隷と爲り甲仆《たお》れ乙起り紛々擾々《じようじよう》として統紀無き者是れ無制度の世なり既にして人々皆鬭を厭ひ爭を悪《にく》み晏然《あんぜん》として生を送ることを願欲するに際し一人材德有る者起りて衆心を收攬《しゆうらん》し立ちて君と爲り若くは强悍《きようかん》にして姦計に富む者衆庶を籠絡し自ら進みて君と爲り然後《しかるのち》政を發し令を施して一時の治安を圖る是れ所謂君相專擅の制にして政事的進化の理の第一步なり

此種の制度に在ては其君臣官民の兩部分を繩束膠著《じようそくこうちやく》して相離れさらしむるに於て一種無形の器具有りて復た從前專ら有形の腕力に由りて主人奴隷一時の交際を假定せしか如くならす是れ固より一歩を進めたる境界と謂はさる可からす所謂無形の器具とは何そや曰く君臣の義即ち是れなり盖《けだ》し此一義は必すしも盡く人造の私に出てたるに非すして幾分慈愛の心と幾分感恩の心と相抱合して成る所なり君は其慈愛の心を下に施し民は其感恩の心を上に輸《いた》す是れなり故に上の慈愛心と下の感恩心との分量愈々多けれは君臣の義愈々重くして上下の交愈々堅し漢土夏商周及ひ漢唐等初年の治正に是れなり但此制度に在て大困難なる病根一有り何そや夫の民か上に輸す所の感恩心は畢竟君か下に施す所の慈愛心の反射に過きさるか故に君の慈愛心の量一分を減する時は民の感恩心の量も亦一分を減して其迅速なること響の聲に應するか如し然るに君の慈愛心の多寡は元來君一個の資質に屬するか故に不幸にして君たる者若し天姿庸劣なるに於ては群臣如何に啓沃輔導《けいよくほどう》するも一の効果を生すること無くして君臣の義斯に絶へて亂亡の禍斯に生す三代漢唐の末季正に是なり且つ縱令ひ天の寵靈《ちようれい》に頼りて君主世々至美至良の資質を持して其慈愛心を下に施すこと益々多くして其反射の効よりして民も亦世々其感恩心を上に輸すこと益々多く千年萬年凞々《きき》皡々《こうこう》の治を保つことを得ると爲さん乎乃ち更に又一大病根の尤《もつと》も畏《おそ》る可き者の生する有るを見んとす何そや彼民たる者

營作して生を計り其獲る所の幾分を官に輸し此に由りて凡そ邦家の務は悉皆《しっかい》其肩上より卸去《しゃきょ》して復た其心を用ひること無くして學士は唯其文辭の麗なることを思ふのみ藝人は唯其工伎の巧なることを思ふのみ農工商賈は唯其利の贏《えい》なることを思ふのみにして其他を知らす是に於て其腦髓《のうずい》の作用漸次に萎靡《いび》して五尺の身躰唯一個の飯袋子《はんたいす》たるに過きさるに至りて即ち學士の文辭藝人の工伎農工商賈の業の如きも終に皆前に云へる槽底の沈澱物と爲りて生氣無く變態無く一國を擧けて唯蠕々然蠢々然《しゅんしゅんぜん》たる凝滑の一肉塊と爲らんのみ

且つ我儕の遠祖か相率ひて自ら君主の治下に歸し百般事務を托して其指令に循ひたるは他に非す彼れ無智にして自ら一身の主と爲りて生を計ること能はさるか故に姑く其有する所の權理を棄却し一時の安を圖り異日其後世子孫の智識益々長するを待て將に其れをして自主の權を復せしめんと欲せしなり當時君民の間此の如き明約有りしに非さるも其深意を問ふ時は必す然らさるを得さる者有り然るに因襲の久き彼君主は一時我儕遠祖より領收したる權理を持守して肯《あえ》て之を我儕に還へさすして以《おも》爲へらく此れ素より我有なりと僕故に曰く君相專擅の制は愚蒙《ぐもう》にして其無禮を覺らさる者なりと試に世界萬國の歷史を繙《ひもと》きて其建基の初より數百千年間政事的旅行の逕路を點檢《てんけん》せよ紛擾無紀の世より出てゝ進化の理第一步の境界に入りたるの一事は阿非利加夷蠻《いばん》の民

を除非して餘は皆然らさる莫し即ち亞細亞諸國の民は一たひ此境界に入りたる以來淹《えん》留《りゅう》して未た進むこと能はさる者なり歐洲諸國に至ては早き者は第十七世紀より遲き者も亦第十八世紀より第一歩の境界を出てゝ更に第二歩の境界に入れり是れ即ち東西洋文明の度級の相異なる所以なり

猗與《ああ》進化の理乎進化の理乎前往して倦《うま》さるは汝の常性なり汝前に汝か兒子を驅り紛擾無紀の曠野《こうや》を去り專制狹隘《きょうあい》の蹊谷に入りて姑く憩休せしめ其體氣強爽なるを待ち更に驅出して立憲快濶《かいかつ》の岡阜《こうふ》に上り益々眼を刮《ぬぐ》ひ胸を盪《とう》せしめ更に眸《ひとみ》を轉して仰望すれは緑樹天を摩し雲煙横陳して禽鳥《きんちょう》其間に和鳴するを見る是れ即ち勝景無比なる民主制度の峯巒《ほうらん》なり此峯巒の勝狀は更に詳《つまびらか》に之を述ふる有らん嗚呼進化の理乎進化の理乎希臘羅馬《ローマ》の方に盛なる自由の制度頗る其整備を致せしか如きも畜奴の汚制有りしか爲に汝未た肯て大に其光を放つことを欲せさりき近古に至ては最も首《はじめ》に汝に虔事《けんじ》して崇敬を致せしは英國實に然りと爲す汝か安屈魯撒孫《アングロサクソン》の種族を寵眷《ちょうけん》して大不列顚《ブリテン》に光臨せしより此國の人士相競ふて志を揮ひ氣を皷し自由の旗幟《きし》を翻へし號呼して撞搪《どうとう》し王査理第一の膏血一たひ刑場に迸射《ほうしゃ》して夫の燦爛《さんらん》たる憲章の大文字斯に光彩を世に放てり嗚呼進化の理乎進化の理乎汝素より温仁にして人を殺すことを嗜む者に非さるも人情の激する所汝も亦奈何ともすること無きなり人情の舊に拘《こう》し新を怯れ頑迷して路を塞く

に遇ふては汝も亦已むことを得す踢倒《てきとう》して過き去るのみ我れ固より汝を咎めさるなり

所謂進化の理第二歩の界境とは何ぞや立憲の制即ち是れなり

洋學紳士又杯を引きて一飲し南海先生に嚮《むこ》ふて曰く此等陳々腐々の論恐くは先生をして嘔噦《おうえつ》せしめん

南海先生曰く否歐洲諸國に在ては或は陳腐なるも亞細亞諸邦に在ては猶ほ頗新鮮の氣を帶る有り請ふ倦むこと無くして竟に之を論せよ

洋學紳士乃ち又云ひけるは立憲の制に在ても彼君相專擅の制と同く其君長は或は號して帝と稱し或は號して王と稱し世々相承けて萬民の上に儼臨《げんりん》し又華紳貴族有りて或は公と稱し或は侯と稱し或は伯と稱し子と稱し男と稱し亦世々相承け環嚮《かんきょう》して官家を擁衛することも亦專擅國と異なること無し但立憲國に在ては五等爵位の設は多くは其身及ひ其家の寵榮を爲すに過きすして其爵位に附與する利益は唯上院議士の列に入るの一事有るのみ其大邑《たいゆう》を領し高貲《こうし》を擁するか如きは彼輩か自ら經營して得る所なるか故に他の農工商賈か自ら封殖して巨財を積めると異なること無し專制國の貴族か坐《い》なから民庶の膏血を吸飲して其家を肥すか如きに非さるなり是れも亦立憲國の專擅國に比して大に相勝る所以なり

且つ專擅の制を出てゝ立憲の制に入りて後人たる者始て個々獨立の人身と爲ることを

得るなり何そや参政の權なり財産私有の權なり事業を擇《えら》ひて操作するの權なり奉教自由の權なり其他言論の權と云ひ出版の權と云ひ結社の權と云ひ凡そ此類の諸權は人たる者の必す具有すへき所にして此種の權を具備して後始て人たるの聲價を有すと爲す爰《ここ》に人有らんに首有りて手無く又は手有りて足無き時は形體的不具の人たるを免れす彼諸權を有せさる時は是れ精神的不具の人のみ是故に立憲の制に在ては民たる者輿望《よぼう》有る人物を票選して代議士と爲し托するに立法の大權を以てす所謂議院なり是故に議院は全國民意の寓する所にして宰相大臣は特に議院に隷屬して各種の事務を分掌するに過きさるのみ是故に立法權即ち議院は民の爲に事務を委托する主人にして行政權即ち宰相大臣は此委托を受けて事務を處理する役徒たるに過きさるのみ夫れ民たる者既に代議士を出して政務を監督するの權あり其他天賦の諸權を具有すること固より言を待たさるなり

以上論叙する所に由りて之を考ふれは夫の政事的進化の理第一歩の境界即ち君相專擅の政と其第二歩の境界即ち立憲の政と相去ること甚た遼遠なるに非す乎君相專擅の國に在りては人類と稱す可き者は獨り王公貴紳有るのみにして其餘百萬の生靈は皆精神的不具の飯囊《はんのう》なるのみ我儕人民辛勤營作して財を積むも官家若し庫財に乏きか或は不虞の費《ついえ》を要する時は擅《ほしいまま》に令を定めて租税を徴して其用途の果て我儕に益あると否《しから》さ

るとは初より之を明示すること無し是は則ち直ちに我か財を攫《つか》み去ると異ならす何の私有の權か之れ有らん我儕人民意に任せて業に服せんと欲するも煩苛《はんか》の規制有りて自ら肆にすることを得す是れは則ち直ちに我身を束縛すると異ならす何の操作の權か之れ有らん教法に係りては我か心腦を壓束し言論に係りては我か唇舌を鈐戾《けんれい》し出版せんと欲するか我か手腕を掣係《せいけい》し結社せんと欲するか我か情意を抑遏《よくあつ》し譬へは猶ほ偶然途上に發生せる草菅の如し苟も芽を發し根を挿さむ時は或は踏藉《とうせき》せられ或は抽拔せられて中道にして枯夭《こよう》するのみ何の自由か之れ有らん且つ此種の國に在りては

鳴呼浦山敷哉

官途の生甚た貴くして民間の生甚た賤しく現に仕籍に就き吏僚に列する者

鳴呼氣の毒なる哉

に論無く即ち市井に居て一業に服する者と雖も苟も規摸を擴張して大に爲すこと有らんと欲する時は必す官家の庇蔭《ひいん》を借らさるを得す農や工や商賈や其他百般生業を營むの徒其田疇《でんちゅう》廣博に其廛肆《てんし》宏大に其廠屋《しょうおく》壯廓に其使役衆多なる者は問はすして其必す陽に或は陰に官家私恩の淋漓《りんてき》を乞受《きつじゅ》して其滋液に霑ふことを知るへし即ち文藝を以て自ら高しとする者工技を以て自ら巧とする者の如き最も權勢の境界と交渉無きか如しと雖も細に覘察《てんさつ》する時は實は然らすして或は現に身を仕籍に列し或は暗に謁を門閽《もんこん》に通し諂笑諛譃《てんしょうゆぎゃく》して媚を賣り愛を買ふに非されは其文章偉麗なること能はす其韵礎《いんそ》鏗鏘《こうそう》なること能はすして其方伎高妙なること能はす鳴呼官家は猶ほ

心臓の如き乎强靭なる毛髪齒牙の類と雖も血液の養を得さる時は其枯落すること立ところに待つへきなり

夫れ文藝技術の士に在りて猶此の如くなる時は百官有司に至りては果て如何の狀を爲すや昔人所謂官を公朝に受けて恩を私門に拜し暗夜に憐を乞ふて白晝に人に驕るとは正に此輩の狀態を摸寫する者に非す乎人々自ら尊ひ自ら重んして嘗て屈下せさること是れ丈夫の操守に非す乎今彼の百官有司の狀を觀察せよ果て自尊の氣象有る乎自重の意態有る乎丈夫の操守有る乎若し自尊の氣象有り自重の意態有り丈夫の操守有る時は一日も官職に在ることを得可らさるなり朝に抗議して侃々《かんかん》の言を發すれは夕には則ち罷黜《ひちゆつ》の狀至る祿俸の賜を獲されは一家數口の者復た活することを得るの道無し自ら寒餓して死し且つ寒餓して死せしむるよりは寧ろ首を俛《ふ》して緘默《かんもく》し妻子と團欒《だんらん》して新鮮を茹《く》らひ輕煖《けいだん》を著《つ》くるの愈《まさ》れるに如《し》かす是れ豈に論理法の最も見易き者に非す乎何そ侃々諤々《がくがく》として昔日に流行して今日に流行せさる人物を摸擬することを須《もち》ひん哉……

……足下前には某衙《が》に在りて某職に服し後には某廳に在りて某官を守れり是れ足下官海に游泳すること久しからすと爲さす何そ足下の愚頑にして少年習氣を脫せさるの甚きや………

然るに凡そ専制の治下に生存する人士に於て最も人をして失笑噴飯せしむるに足る者

一有り是れ實に失笑噴飯せしむるに足ると雖も而かも事の實迹《じっせき》にして且つ性理の學に徴する時は尤も理に合して必す然らさるを得さるを見る何そや曰く彼人士の善く媚《こび》を納れ佞《ねい》を呈し儇巧《けんこう》浮滑にして己れを屈することを耻ちさるに管せす己れと地位を等くして未た相識《し》らさる者を延接し若くは己れの下に位する者を待遇するに至りては其倨《きょ》傲《ごう》なること何如そや身を仰ほきて竦立《しょうりつ》し面を側《そば》めて横睨《おうげい》し彼れ十言を發すれは己れ徐に一諾し彼れ哄笑すれは己れ僅に微哂《びしん》して磊々落々の風は微塵も有ること無きなり是れ莊重を擬し威嚴を飾るの念に出ると雖も抑々亦矜驕《きょうきょう》して自ら喜ふ者なり前の卑屈の狀態と相似すして判然別人なるに非す乎曰く然らさるなり夫れ言はんと欲する所を言ひ爲さんと欲する所を爲して肆まに自ら舒暢《じょちょう》すること是れ丈夫兒の本性なり然るに彼れ其初め性を忍ひ情を抑へ痛く自ら尅戕《こくしょう》して敢て輕く發すること無く久きを經て遂に思はすして善く媚ひ慮らすして巧に佞するの田地に至りたるも天禀《てんぴん》の情性は終に得て磨滅す可らさる者有り是を以て苟も發舒して後害無きの時機に逢ふ時は反りて驕傲《きょうごう》の態を爲して自ら平日卑屈の償を取るのみ是れ性理自然の勢なり故に西人の言に曰く自由國の人士は温雅にして人と忤《さから》ふこと無く專制國の人士は驕汰《きょうた》にして物に傲《おご》ると眞に我を欺かさるなり

此に由りて之を觀れは自由の制度は獨り民生衣食經營の間に益あるのみならす人の心

術をして高尚ならしむること誣《し》ゆ可らさる者有り嗚呼自由乎我れ汝を棄てゝ誰と與《とも》に適歸せん

然と雖も夫政事的進化の理を推して之を考ふる時は自由の一義は未た以て制度の美を盡せりと爲す可らすして必す更に平等の義を獲て始て大成することを得る者なり何となれは人々皆盡く諸種の權利を具有して欠る所無く又其權利の分量に於て彼此多寡の差別無きに非されは權利の量の多き者は自由の量も亦多く權利の量の寡《すくな》き者は自由の量も亦寡きを致すは是れ避く可らさるの勢なれはなり是故に平等にして且つ自由なること是れ制度の極則なり是故に立憲國に在りて其君主及ひ五等爵位の設有るか爲めに一國衆民の中に於て更に一種尊貴の物體有りて大に他の物體に區別するか如きは平等の大義に於て畢竟欠る所有るを免れす彼れ既に自由の旨義の必す循はさる可らさるを知り憲令を規定し法律を設置し民の諸權を擁護して侵犯を蒙むること無らしむ是れ其自由の義に於て得たりと爲す所以なり然り而して國人の中に就きて其若干數を擇取し所謂爵位と稱號する無形の繡文を施して他の物體の上に在らしめ平等の義に害して之を改むること能はす夫の政事的進化の理は豈に當に此境界に留まりて已むへけん哉僕故に曰く立憲の制は自ら其過ちを知りて僅に其半を改めたる者なりと

第十七世紀に在りて英國は他の諸國に先ちて自由の制度を擁立して大に國の光譽を馳

せしも其民資性沈毅《ちんき》に且つ厚重にして一時に盡く舊習を擺脱《はいだつ》して以て新途に進入することを喜はす依然として王制を執守して今日に至れり然れとも深く英國の政を察する時は名は立君と曰ふと雖も實は民主國と甚た相異なることなくして君主據有する所の二三特權を除非する時は其民主國の大統領に異なる所は唯世々相承くるの一事有るのみ是を以て西土の學士政術を論するに於て往々英國の政度を以て民主の制中に列して北米聯邦及ひ佛蘭西瑞西《スイス》の諸國と別異することなきは此れか爲めなり

然りと雖も所謂名は實の賓なるか故に其實有りて其名有るは固より佳きも其實なくして其名有るか如きは事理に於て未た得たりと爲さす且つや王家儼然《げんぜん》として萬民の上に臨み世々相ひ承け又五等爵位の設有りて亦世々相ひ承けて夫の平等の大義未た完全ならさるより英國人士中高亮にして理義を好むの徒は往々更に一歩を進めて自由の義の外更に又平等の一義を併有して以て民主の制に循ふことを願欲する者頗衆《おお》し怪むことなきなり人類なる者は他の動物に比すれは夫の進化の理に循ふこと尤も迅疾にして學士論者は他の人類に比すれは夫の進化の理に循ふこと又尤も迅疾なり而して民主の制は正に政事的進化の理に係る第三歩の境界なれはなり

立憲の制は整は則ち整なり備は則ち備なるも猶ほ人をして隱々然として微く頭痛の患を覺えしむる者有り吾れ其何の故たるを知らさるなり我れ其故を知らすと雖も頭痛の

患は現に有り此れ猶ほ炎風の日、身に葛衣《かつい》の輕きを著けて頭に鐵帽の重きを戴くか如し民主の制乎民主の制乎頭上唯青天有るのみ脚下唯大地有るのみ心胸爽然として意氣濶然《かつぜん》たり唯永刧を永しとして前後幾億々年所なるを知らす始なく終なけれはなり唯大虚を大なりとして左右幾億々里程なるを知らす外なく內なけれはなり精神と身體と有る者は皆人なり孰《いず》れを歐羅巴《ヨーロッパ》人と爲し孰れを亞細亞人と爲さん何そ況や英佛獨魯をや何そ況や印度支那琉球をや然に今必す英と云ひ魯と云ひ獨と云ふは其國王所有地の名なり人々自ら主として別に主人なき時は國名は唯地球の某部分を指名するに過きさるのみ故に我は某國人なりと云ふは畢竟地球の某部分に居る者なりと云ふの意なり我と人と畛域《しんいき》有ることとなし敵讎《てきしゅう》の意を生することとなし然らすして國に一人の主有るに於ては國名は其主人の家號なり故に我は某國人なりと云ふは畢竟某國王の臣なりと云ふの意なり此れ我と人と畛域有るなり斯に於て乎敵讎の意生する有り地球の各部位を割裂し其居民の心をして相互に隔障せしむる者は王制の遺禍なり民主の制乎民主の制乎其某甲國と云ひ某乙國と云ふは特に地球の部位を劃分《かくぶん》して相呼ふの便を計るのみ居民の心意を隔障するに非さるなり世界人類の智慧と愛情とを一混して一大圓相と爲す者は民主の制なり

立憲の制は惡しからす民主の制は善し立憲の制は春なり些《いささか》の霜雪の氣有り民主の制は

夏なり復た霜雪あることなし漢土人《もろこしびと》の言を學はん乎立憲は賢者なり民主は聖人なり印度の語を爲さん乎民主は如來なり立憲は菩薩なり立憲は貴ふ可し民主は愛す可し立憲は驛舍なり早晩必す去らさる可らす其去ること能はさる者は弱行人なり跛人《はじん》なり民主は屋宅なり嗚呼久しく行旅して宅に歸へる者は其安きこと何如そや

自答且笑曰
漢文糟粕

佛蘭西は英國に比すれは稍《や》や後れて自由の途に上りたり然れとも一蹴して民主の制に進入せしは眞に偉なる哉英人は多智なり佛人は多情なり英人は沈毅なり佛人は恢烈《かいれつ》なり英人は一たひ進歩の途に上るときは復た失迷すること無し佛人は其進むこと疾く其退くこと鋭なり嗚呼彼れ豈眞に退く者ならん哉彼れ其王路易第十六の頭を斫《き》り其熱血を掬取《くみと》りて之を歐洲諸國王の頭上に沃《そそ》き衣無く履無く兵無く糧無くして愈々益々奮進し人々頭上皆平等の大圓光を戴き敵丸傷くこと能はす敵刃創くこと能はす一時に盡く諸國の制度を一變して平等の制と爲さんと欲せしか如きは狂顚《きょうてん》に似たる哉拿破崙第一か百擧百克し千戰千勝して孛墺《おう》魯英の軍能く當ること無かりしは其韜略《とうりゃく》の奇なるに由ると雖も抑々當時佛人か平等顚病の熱氣に皷舞せられて其體軀其精神並に逈《はる》かに尋常人類の上に出しか爲めなり然而て佛人は俄然として其平等大圓光の靈驗を忘却して反て拿破崙旗幟の采色に眩亂し綽約《しゃくやく》たる民主の天女を放遣して獰惡《どうあく》なる帝國の猛虎を豢《かん》

養《よう》し相率ひて自ら其餌食と爲り甘んして百年前の時勢に退却して佛國社會の論理頓に其次序を失へり否是れ正に佛國社會の大文章なり大波瀾なり英國は能品の文なり前後次序整然たり佛國は神品の文なり突兀《とつこつ》として次序有ること無し彼れ其後路易彪立布《ルイフイリツプ》を踣《たお》し查理第十を踣ほし拿破崙第三を踣ほして民主の政斯に其小圓團を成せり嗚呼變動居らさること是れ佛國文章の次序なる哉冒頭より結末に至るまで應接暇あらすして或は人をして爽快ならしめ或は人をして慘澹《さんたん》たらしめ或は喜はしめ或は怒らしむ英國は一部の學科書なり佛國は一册の院劇本なり英はラファヱルの幀畫《とうが》なり佛はミケランジの壁描なり英は少陵の律詩なり佛は大白《たいはく》の古風なり英は程不識《ていふしき》なり佛は李廣《りこう》なり日耳曼は如何是れ政事國のみ未た政理國と爲すを得さるなり……
洋學紳士遽に曰く僕遇《たま》ま興に乘して喋々《ちようちよう》して大に論理の序を失へり先生請ふ恕《ゆる》せよ
是時洋學紳士は一層音聲を揚勵《ようれい》して曰く且つ夫れ大邦に雄據し百萬の精兵を蓄へ百千數の堅艦を列し民物殷阜《いんぷ》に土産饒多《じようた》なる者に在りては富强を以て自ら恃みて一代を雄視すること固より難きに非す疆土《きようど》狹小に民衆寡少なる者に至りては理義に據りて自ら守るに非されは他に憑恃《ひようじ》す可き者有ること無し陸軍は則ち十許萬に過きす船艦は則ち十許艘に踰《こ》へす若し大に水陸軍備を張りて他の强國に遜らさらんと欲する時は財用の給せさる重稅苛斂《かれん》して以て怨《うらみ》を民に買ふことを免れす田野を闢《ひら》き農桑を勸むるも土地

の素より狭小なる暴《にわか》に之を博大にすることを得可らすして地の出す所は一定の限有りて随意に増殖す可きに非す工業を興張して利益を機械若くは手技に収めんと欲する乎貨物殖生するも販路の求むへき無きを奈何せん試に歐洲諸國財利の形勢を一見せよ英國は印度を跨有《こゆう》して根本を固め凡そ亞細亞、亞非利加彌利堅《メリケン》の諸洲至る處地を畧し民《たみ》を移し以て自ら肥やすの計を規畫して遺漏有ることとなし佛蘭西は亞非利加に於てアルジョリーを割有し印度に於て西貢《サイゴン》を割有し支那に於て安南を割有し其他諸國に至りて據る所の土地大小有りと雖も伸ふる所の威權輕重有りと雖も皆占侵する所有らさる莫くして自國貨物の爲めに販路を通するの策既に固定せさる莫し區々一小邦の民たる者今に於て僅々《きんきん》十萬數の兵衆を出し十百艘の船艦を發し遠く地を境外に畧して以て本土財利の流注を疏通せんと欲するか如きは愚に非されは狂なり唯務めて自ら守り自ら足すことを求む可きのみなれは則ち何そ此か爲めに一策を出すことを求めさるや一策とは何そや請ふ言はん

民主平等の制を建立し人々の身を人々に還へし城堡《じょうほう》を夷け兵備を撤して他國に對して殺人犯の意有ること無きことを示し亦他國の此意を挾むこと無きを信するの意を示し一國を擧けて道德の園と爲し學術の圃と爲し單一個の議院を置き國の腦髓をして岐裂せさらしめ凡そ丁年に滿ちて白痴瘋癲《ふうてん》其他品行に係りて障碍無き者は貧富を論せす男

女を別たす皆選擧權有り皆被選擧權有りて皆一個の人と爲らしめ地方官は上、縣令より下、戸長に至るまで皆公選と爲して行政官に媚ふることを須ひさらしめ並に法吏を以て公選と爲して亦行政官に媚ふることを須ひさらしめ大に學校を起し謝金を要すること無くして國人をして皆學に就きて君子と爲るの手段を得せしめ死刑を廢して法律的殘酷の絞具を除き保護税を廢して經濟的嫉妬の隔障を去り風俗を傷敗し若くは禍亂を煽起《せんき》するに至らさるよりは一切言論出版結社に係る條令を罷《や》めて論者は其唇舌の自由を得聽者は其皷膜の自由を得筆者は其手腕の自由を得讀者は其目睫《もくしよう》の自由を得會集者は其脛脚の自由を得る等是れ其綱領なり細目は別に之を審議せんのみ

道德の園は人之を愛し之を慕ふ、之を壞《やぶ》るに忍ひさるなり學術の圃は人之を利し之を便とす、之を毀《こぼ》つことを欲せさるなり請ふ試に一たひ之を行はん哉之を行ふて惡しければ止めんのみ何の害有るか物化學家を看よ苟も發見する所有るときは試驗室に入りて試驗するに非す乎試に亞細亞の小邦を以て民主平等道德學術の試驗室と爲さん哉吾儕或は世界の最も貴ふ可く最も愛す可き天下太平四海慶福の複合物質を蒸餾《じようりゆう》することを得ん哉吾儕或は社會學實驗的のプレステリー、ラウォアジエーと爲らん哉此れ即ち僕か所謂一策なり

且つ夫の進化神は常々蒞《のぞ》みて人類の頭上に在るも其威怒を奮發することは或は頻數《ひんさく》な

る有り或は稀疎なる有り或は百數年に一たひ怒を發し或は千數年に一たひ怒を發し其怒を發すること頻數なる時は其怒たるや甚激烈ならさるも其千數年に一たひ怒を發する時は其怒たるや實に懼《おそ》る可し他なし吾人々類の姑息なるや夫の神の其温仁の顏を示し和柔の聲を垂るゝの間は不平等の巖石路に横はるも除かす不自由の荆棘逕《みち》に滿るも芟《くさき》らさるか故に夫の神は其至るに及ひ自ら其威怒を奮ふて其輪蹄《りんてい》を通するは已むことを得されはなり是故に夫の神を奉する政事家の僧侶は各々其國に於て古來夫の神の怒を發したる度數を計《かぞ》へて苟も其稀疎なりしを認るときは其準備に於て奮發勉勵して大に滌蕩《てきとう》振刷する所有る可きなり若し政事家の僧侶たる者深く此道理に於て意を用ひさる時は數十百年の後或は其君主をして英王査理第一と爲らしめ佛王路易第十六と爲らしめて君に禍ひし民に禍ひして且つ後世の笑と爲るを免れす戒めさる可けん哉今縱令ひ大に滌蕩改革する所有ること能はさるも增ゝ巖石を攢列《さんれつ》し益ゝ荆棘を叢植して早晩必す光臨し來る所の進化神の通路を梗塞して故らに其震怒を招くか如きは彼れ誠に何の心そや

人或は云はん民主の制は誠に理に合するも實行するに於て甚た難き者有り智識既に進み風俗既に完《まった》きに非されは民主の制は祗《た》た以て亂階を爲すに足らんのみ大統領有りて行政の職に首長たるも衆民の選擧に頼りて職を獲るか故に其威嚴遠く帝王に遜る有る

を以て一日姦豪《かんごう》の非望を覬覦《きゆ》するに遇ふときは官民解體して擧國潰亂するを免れす且夫れ尊貴の位に在ることを願欲するは人の情なり大統領の職實に選擧に頼りて立つと雖も他の人民に比する時は固より尊貴にして衆民に誇耀《こよう》するに足る者有り是を以て民主の國に在りては苟も志氣有る者は皆自ら進みて統領の職に登ることを冀幸《きこう》し百方策を竭《つく》して輿望を釣弋《ちょうよく》することを求めて躁進の風終に得て防く可らす此れ民主國の通患なり立憲の制に至りては此に異なり帝王の職常主有りて以て非望を鎮壓するに足りて又貴重にして侵す可らさる憲法有るか故に王公將相の尊と雖も敢て自ら肆にすること能はすして民庶皆其自由を守りて喪《うしな》はさることを得るなり故に立憲の制は君相専擅の制と民主の制との中間に居る者なり其君位の尊嚴なるか爲めに非望を鎮壓するよりして言へは專制國に類する有り其人民の自由なるよりして言へは民主國に似たる有りて畢竟此兩制度の利を併有して其害無き者と謂ふ可し是を以てモンテスキューは其法律の精神の書に於てスチアールミルは其代議政論の書に於て並に諸制度を論して其必す民俗高下の度に適當せさる可らさるの意を言へり

嗚呼是言や此れ所謂老生の常談なり天下進歩の運を妨阻する者なり着實なるに似て實は非なり且つ方今現に民主の制に循ふて治を爲す者を觀察せよ北米聯邦や佛蘭西や瑞西や果て其民皆君子に其俗皆醇粹《じゅんすい》にして欠る所なき乎然らさるなり大統領改選の期に

遇ふ毎に常に禍亂に免れさる乎然らさるなり姦雄の徒常に非望を覬覦するの患有る乎然らさるなり

更に一層を進めて之を論せんには若し立憲國の民たる者唯其尊嚴なる君主有るか爲めのみにして安寧を得る時は是れ其安寧の福利は自己の自由の權に賴りて得る所に非すして君主に賴りて得る所なり吁嗟《ああ》君主も人なり我も人なり同一人類の身にして自己の權に賴りて生を爲すこと能はすして僅に人に賴りて生を爲すか如きは豈羞《は》つ可きの甚きに非すや

洋學紳士更に言を發して云ひけるは且つ民主の制度は兵を戢《おさ》め和を敦《あつ》くして地球上萬國を合して一家族と爲らしむるに於て欠く可らさるの一事なり夫れ萬國兵を戢め和を敦くするの説は第十八世紀の時に於て佛人アベール、ド、サンピエール始て之を唱へしと雖も當時此説を善しとする者甚た寡くして往々云へるに是れ終に行ふ可らすと又甚き者は或はサンピエールを謔弄《ぎやくろう》して空論家と爲すに至れり即ちウォルテールの高朗にして尤も意を社會進歩の運に留めしもサンピエールの説を聞き猶ほ一二嘲謔の言辭を放ちて自ら慧とし自ら聰とせり獨りジャンジャックは酷たサンピエールの説を賛稱し其雄偉の筆を振ふてサンピエールの著書を褒揚《ほうよう》して乃ち言へり「此れ必す世に存せさる可らさる一書なり」と其後獨乙《ドイツ》人カントも亦サンピエールの旨趣を祖述し萬國平和と題號する一書を著して兵を寢《や》め好を敦くする事の必要たることを論道せり其言に曰く更に一歩を退けて論せんには縱令ひ人心功名を好み克捷《こくしょう》を喜ふの情終に除く可らすして平和の實竟に世に施す可らすと爲すも苟も理義を貴尙する者は當に務て此田地に前往することを求む可きなり他なし是れ正に人類の責任なれはなり云々と但後世學士輩未たサンピヱールの說に滿たさる所の者盖し一有り其兵を寢むるの手段是れなり凡そ古今諸國の兵を擧けて相ひ攻擊するに至る所以の者其原因多しと雖も細に之を考ふる時は帝王若くは將相たる者功名を好み武震を喜ふの一念常に之れか厲階《れいかい》を爲せり故に萬國皆民主の制に循ふに非されは兵を寢むるの事終に得て望む可らすサンピヱールは此に慮らすして當時各國の形勢に於て曾て心を留めすして唯舊來の制度に沿因して畧ほ更革を加ふること無くして專ら條約警盟の末を賴みて以て平和の實を得んと欲せり殊に知らす彼の帝王將相は唯彼我强弱の勢是れ察し彼れ强くして我れ弱けれは已むことを得す一時和を講し盟を締《むす》ひて自ら紓《の》ふることを求むるも一旦國富み兵强きに及ひては盟約千紙有りと雖も豈に復た其桀驁《けつごう》の志を尼《とど》むるに足らん哉

是故に近時佛蘭西の理學士ヱミール、アコラースは其諸種法律の區別に於て世の所謂萬國公法を取りて之を道德の中に列して之を法律の中に列せす其意思へらく凡そ法律と云ふ者は必す之を司掌し之を施行するの公官有りて且つ又違犯する者ある時は必す之を懲罰する有り否されは竟に眞の法律と爲す可らす若夫れ道徳は履行すると否さると唯人々の衷情に在るのみ世の所謂公法も亦此の如し既に施行に任する法衙無く又懲罰を司とる公吏無し是れ固より法律と爲すことを得すと

アコラース又諸國戰爭の種類を論して曰く凡そ戰の由りて起る所の者其目四有り曰く王家系統の爭なり曰く宗教の爭なり曰く人種の爭なり曰く商法の爭なり顧ふに此四種の原因の中にて宗教の爭と人種の爭との如きは近日既に跡を斂《おさ》めて復力を逞しくすること無し今日に在りては土地の要勝を爭ひ若くは貨物の販路を競ふか爲めか或は王家嗣續の權を爭ふか爲めに兵を用ゆる者實に多きに居る此前の者はアコラースの所謂商法の爭にして此後の者は其所謂王家系統の爭なり而して更に其秘蘊を搜抉する時は其原因孰れに在るを問はす或は帝王は宰相其功名を收むるか爲めに瑣屑《させつ》の名義を口に藉《し》きて兵を弄するに至る者多きに居る若夫れ民主の國に至ては自由の理平等の義友愛の情の三者を以て社會の根基と爲し其隣國に勝ることを求むるは特に學術の精と財利の富との二點に存するのみ之を要するに立君國は有形の腕力に頼りて隣國に勝ることを求め民主國は無形の旨趣に頼りて隣國に勝ることを求むる是れなり

サンピエール一たひ萬國平和の說を唱へしよりジャンジャック之を頌賛《しょうさん》しカントに至り益々此說を擴充して理學精粹の體裁に合せしむることを得たり茲《ここ》に其言を擧けん

カントの言に曰く萬國兵を寢め和を敦くするの好結果を得んと欲する時は諸國皆盡く民主の制に循ふに非されは不可なり諸國既に民主の制に循ふ時は是れ民の身は復た君主の有に非すして己れの有なり民苟も自ら有し自ら主たる時は豈に復た自ら好みて相屠斬するの理有らん哉……二國相攻撃するに方りて凡そ戰より生する所の災禍は誰か之れに當る乎兵を執りて鬪ふ者は即ち民なり金を出して軍費に充る者は即ち民なり盧《ろ》舎《しゃ》焚焼《ふんしょう》せられ田野踏藉せられて其害を受る者は即ち民なり事平くの後國債を募集して善後の策に任する者も亦民なり而して此種の國債は終に償却し盡すことを得可らす何となれは戰一たひ交はる時は禍連なりて怨結ひて一旦和を講するも久からすして復た發することは避く可らさるの勢なれはなり果て此の如くなる時は民たる者豈に自ら好みて戰端を開くの理有らん哉云々

又曰く立君の國に在りては然らす彼の帝王は一國の所有者にして國士の員に非さるか故に其民の血を灑《そそ》き其民の財を糜《び》することは帝王の意に於て少も恤《うれ》ふる所に非す何そや兩軍既に接して礮彈《ほうだん》交々死を放ち銃丸互に創を送り肝腦地に塗れ膏血野を潤ほすの時に於て彼の帝王は或は苑中に在りて游獵し或は宮裡に居て宴飲して畧ほ平日と異なることなし且つ彼れ其初め兵を出すや堂々たる名義を以て口に藉くも實は其民の性命と財産とを賭にして自己の功名を求むるに外ならすして所謂戰は帝王に在りて畢竟戲

樂の一種たるに過きさるのみ
是故に近時歐洲諸國の學士中兵を寝め和を敦くするの説を唱ふる者は皆民主の制度を主張し然後宇內萬國を合して一大聯邦を組成せんと欲す其言誇大なるに似たりと雖も夫の政事的進化の理を推して考察する時は未た必すしも然らさるを見る嗚呼進化の理乎何そ速に汝の輪を轉し汝の蹄を運《めぐら》し栽ゆる者は之を培ひ傾く者は之を覆へし大塊上幾億々の生靈をして皆凞々《きき》皞々《こうこう》として生を懷《やす》んせしめさる乎嗚呼歐洲幾億數自由の人民よ汝等各々汝の國に在りては民刑諸種の法律有りて汝の身體汝の財產汝の家室を護りて横さまに害を蒙むること無らしむ即ち兇暴人有りて敢て害を汝の身に加ふる時は彼の法律は速に懲罰して汝をして自ら慰むることを得せしむ汝或は汝の財賄に於て損害を受くること有るも起ちて與に闘ふことを須ひすして唯一紙の書を持し出訴して足る則ち彼の公平なる法吏は明文に據り處斷して汝をして償を取らしむ是は則ち汝の生たる蠻野交闘の危難を出てゝ文明制度の安靖《あんせい》に入ることを得たりと謂ふ可し汝更に眸を轉して汝か四境の外を視察せよ汝か隣人の鑄鍛《ちゅうたん》する所の熕礟鎗銃《こうほうそうじゅう》は一日汝を一發の下に轟殺するか爲めなり汝か廬舍を燬《き》灰《かい》するか爲めなり其構造する所の鐵鑑水雷は汝か臨海の屋樹を震衝するか爲めなり汝今日枕を高ふして安眠すると雖も明日或は屍を原野に暴すも未た知る可らす人と人とは文明の生なり家族と家族とは文明の安なり人

の團聚《だんしゅう》なる民と民とは蠻野の生なり家族の集合なる國と國とは蠻野の危なり痘瘡《とうそう》の其毒を傳ふるや牛痘以て之を避ることを得可し瘧疾《ぎゃくしつ》の其威を肆まゝにするや石炭酸以て之を防くことを得可し隣敵の硝彈は之を避ることを得可からす火の屋宅を燒き水の舟船を覆すや保險の制以て之を償ふことを得可し隣敵の兵禍は之を弭《とど》むることを得可からす……汝眞に汝の隣敵か一日汝を斬屠し汝を創戕《そうしょう》し汝か田宅を燒暴し汝か港灣を轟破することを憂ふる乎汝何そ速に汝か熕砲《こうほう》を銷毀《しょうき》せさるや汝か鐵艦を焚燒せさるや

第十九世紀の今日に在りて眞に武震を以て國光と爲し侵畧を以て國是と爲し人の土を奪ひ人の民を殺し必す地球の所有主と爲らんと欲する者は眞に癲狂國なる哉我れ歐洲の東偏に於て一個の癲狂國有るを見る其歴世君主の孫謀を觀て知る可し……劇藥を投して其効力の意外に激甚なりしを見て自ら驚悔する者は日耳曼なり吳下《ごか》の阿蒙《あもう》を侮り反りて屈を受けて自ら憤恨する者は佛蘭西なり多く田宅を買ひ貨財を積みて人の來り攘《ぬす》むことを畏れ百方防禦に苦む者は英吉利なり兒童か大人の恣睢猖狂《しきしょうきょう》するを見て其心中種々の憂慮有ることを知らす妄に欽羨《きんせん》して其列に加はらんと欲する者は伊答利《イタリア》なり顚狂人四五人相共に棍棒を揮ふて亂鬪するの間に居て可憐の嬰兒か嬉戲《きぎ》遊笑して反りて創傷を免るゝ者は其れ白耳義《ベルギー》荷蘭《オランダ》瑞西乎米利堅乎米利堅《メリケン》乎封建侯國の武士か妄

に藩の名譽を抱負して交々勇を賈《か》ひ互に疾視するを觀て笑ふて顧みす專ら家業を勤めて多く財貨を致す者は其れ米利堅乎心神頑鈍にして敏ならす手足重拙にして捷《しょう》ならさるも軀幹の大なるを恃みて人と闘ふことを怯れさる者は亞細亞の一大國乎身體尫羸《おうるい》に志氣怯弱《きょうじゃく》なるか爲めに相與に一朋《いっぽう》を爲して時々他の兇童の來り虐するに若む者は亞細亞の諸島乎……咄《とつ》汝其中一神童の在る有るを見さる乎彼れ其至る所未た量る可らさるなり汝何そ盲なるや」

佛蘭西や日耳曼や査理大帝の時に在りては此兩人實に一體を爲せり其後王路易第十四の佛蘭西妄に日耳曼を伐《うち》て之に克ち其後非列垤利第二の孛漏生《プロイセン》は佛蘭西を敗りて怨を報ひたり其後拿破崙第一の佛蘭西又妄に日耳曼を伐て之に克ち近日維廉《ウイリアム》帝の孛漏生は佛蘭西を敗りて又怨を報ひたり世々相攻伐し世々相報復する時は何の窮已《きゅうい》か有るや維廉帝の孛漏生と拿破崙帝の佛蘭西と實に怨を結へり孛漏生人の孛漏生と佛蘭西人の佛蘭西とは果て何の怨か有るや

孛漏生人の孛漏生と佛蘭西人の佛蘭西と此兩人は皆文明人なり皆學術人なり猰突《きとつ》の武夫に非さるなり佛蘭西は既に佛蘭西人の佛蘭西と爲れり孛漏生一日亦孛漏生人の孛漏生と爲るに於ては吾れ其結ひて兄弟と爲るを見る佛蘭西の機敏なるや孛漏生の沈重なるや吾れ其結ひて友朋と爲るを見る魯失亞乎魯失亞乎猰突の武夫なり汝も亦歴山《アレキサンドル》

帝の魯失亞を去りて魯失亞人の魯失亞と爲らん乎暴亢《ぼうこう》なる虛無黨か時々激烈なる手段有るは吾れ固より其深意有るを知るなり英吉利も亦文明人なり學術人なり財を積むことを好む者なり故に其或は暴を亞細亞阿非利加に肆ま丶にするは其實は魯失亞の暴なることを患へて已むことを得さるに因る乎……英や佛や魯や獨や汝唯汝の兒子中に豪傑と稱する怪物を出さ丶ることを是れ務めよ不幸にして豪傑の怪物出る時は愼て其言ふ所を聽くこと勿れ汝若し誤りて其言を聽く時は汝は終に汝の有と爲ること能はすして怪物の有と爲らん

今一言せんには地球上諸大國多くは皆愚にして立君の制を守りて自ら禍ひし且つ其君に禍ひし或は將に其君に禍ひせんとす諸小國たる者何そ進みて民主の制に入りて自ら福《さいわ》ひし且つ其君に福ひせさるや

地球上諸强國多くは皆怯にして交々畏れ互に憚りて兵を蓄へ艦を列ねて反りて自ら危くす諸弱國たる者何そ自ら斷して兵を撤し艦を散して以て安きに就かさる

豪傑の客膝を進めて曰く紳士君の言は誠に學士なる哉學士の言は之を書に筆す可くして之を事に施す可らす紳士君試に倫敦《ロンドン》、巴勒《パリ》、伯林、伯德武兒屈《ペテルブルク》に遊ひ力を竭して君の高論を唱道せん乎彼國新聞記者は或は其雜報欄中に於て戲れに之を掲けん政事家は恐くは之を……洋學紳士遽に曰く政事家は必す之を狂とせん政事家の爲めに狂とせらるゝことと是れ正に僕の自ら誇る所以なり學士なる哉學士なる哉今の所謂政事家は天下の最も政事に拙なる者なり學士なる哉學士なる哉古人云へり理學士政を秉らさる間は眞の治平は終に望む可らすと信なる哉

豪傑の客曰く紳士君の旨趣は僕詳に之を解せり但更に請問す可き一事件有り抑も紳士君か諸弱小國に勸めて速に民主の制に循ひ且つ速に兵備を撤せしめんと欲するは其意竊に米利堅佛蘭西の如き民主國か其志を偉なりとし其業を奇なりとして來り援《たす》くることを冀幸するに非さる無きを得ん乎

洋學紳士對《こたえ》て曰く否々一時の幸を倖として國の大事を斷すること是れ政事家の動《やや》もすれは計を誤る所以なり僕は唯理義を是れ視るのみ彼米利堅佛蘭西の屬か我志を偉なりとして我業を奇なりとして我を援輔《えんぽ》するか或は他の魯英獨の屬か萬國均勢の義に由て我を保護するか如きは皆自ら彼輩の事なり我れ何そ與り知らん

豪傑の客曰く然は則ち若し兇暴の國有りて我れの兵備を撤するに乘し兵を遣はし來りて襲ふ時は之を如何

洋學紳士曰く僕は斷して此の如き兇暴國の有ること無きを知る若し萬分の一此の如き兇暴國有るに於ては吾儕各々自ら計を爲さんのみ但僕の願ふ所は我衆一兵を持せす一彈を帶ひす從容として曰はんのみ吾儕未た禮を公等に失ふこと有らす幸に責らるゝの

理有ること無し吾儕相共に治を施し政を爲して爭訌《そうこう》すること有ること無し公等の來りて吾儕の國事を擾《みだ》すことを願はす公等速に去りて國に歸れと彼れ猶ほ聽かすして銃礮《じゅうほう》を裝して我に擬する時は我衆大聲して曰はんのみ汝何そ無禮無義なるやと因て彈を受けて死せんのみ別に繆巧《びゅうこう》の策有るに非さるなり

豪傑の客失笑して曰く甚き哉理學の旨趣の人心を錮蔽《こへい》するや紳士君の數時間來滔々《とうとう》の辨を奮ふて宇內の形勢を論し政事の沿革を逑へしも最後の一着は擧國の民手を拱《きょう》して一時に敵丸の下に斃《たお》るゝに過きさるのみ談何そ容易なるや有名なる進化神の靈驗は果て此の如き者乎幸にして僕は明に他の衆人か必す此神の仁心に依賴せさることを知るなり

法律の大議論

洋學紳士曰く歐洲學士戰爭を非とする者皆曰く進擊は義に反するも防禦は義に合すと其意各個人有する所の正當防禦の權を把り來りて之を邦國に移さんと欲す僕の意を以て之を考ふれは此れ甚た理學的の旨趣に非さるなり何そや元來人を殺すは惡事なり生理的の秩序を壞るか故なり是故に寧ろ人我を殺すも我れ人を殺すこと勿れ其人の盜賊兇漢たると否さるとは問ふ所に非さるなり何となれは彼れ我を殺さんと欲す故に我も亦彼を殺すと曰ふときは是れ猶ほ彼れ惡事を爲さんと欲す故に我も亦惡事を爲すと曰ふか如くなれはなり人或は云ふ性命は至て貴重なり

然に彼盗人は故無くして我生命を絶たんと欲す故に我れの彼を殺せしは自ら貴重の生命を守るか爲なりと僕は將に曰はんとす生命は誠に貴重なり我れの性命貴重なるときは人の性命も亦貴重なり其盜たると否さるとは論する所に非さるなり故に我れ専ら自ら禦きて我性命を守り以て巡吏の來るを俟つときは大に善し若し然らすして彼盜の生命を絶つときは復た理學的の旨趣に非さるなり故に曰く正當防禦の權は實際姑く已むことを得さるか爲めなりと然に此を以て之を邦國に移すときは益々理に合せさるを見る何となれは敵國來寇するに方り我れ苟も我軍を列し我銃を發して自ら防せくときは既に是れ防禦中の進擊にして惡事たるを免れされはなり故に曰く各個人正當防禦の權を移して邦國の間に用ゆるときは益々理學的の旨趣に非さるなり豪傑君僕の意に於て我邦人か一兵を持せす一彈を帶ひすして敵寇の手に斃れんことを望むは全國民を化して一種生きたる道德と爲して後來社會の摸範を垂れしむるか爲めなり彼れ惡事を爲すか故に我も亦惡事を爲すと曰ふか如きは是れ即ち君の旨趣なり何そ其れ鄙《ひ》なるや南海先生は此答問を聽き默して一言を發せさりしか是に至り更に自ら一飲し因て二客に觴して云へるは紳士君の高論は僕既に之を聞くことを得たり豪傑君願くは亦偉說を垂示して以て僕に教ゆるあれ

豪傑の客乃ち云ひけるは抑も戰爭の事たる學士家の理論よりして言ふ時は如何に厭忌《えんき》

す可きも事の實際に於て畢竟避く可らさるの勢なり且つ勝つことを好みて負くることを惡むは動物の至情なり虎獅《こし》豺狼《さいろう》に論無く虫蛾《ちゆうが》の類に至るまで苟も兩間に呼息する者皆殺獲を以て事と爲さゝるは莫し試に看よ生物の中に就きて愈々靈慧なる者は愈々猛勇にして愈々蠢愚《しゆんぐ》なる者は愈々怯懦《きようだ》なり家鳧《かふ》は禽中の最も愚なる者にして家猪《かちよ》は獸中の最も蠢なる者なり鳧は唯鶂々《ぎつぎつ》の聲を發するのみ蹄齧《ていけつ》すること能はす豕《し》は唯喁々《ぎようぎよう》の音を揚くるのみ蹄齧すること能はす是二物果して温仁なりと爲すを得る乎試に小兒を看よ僅に匍匐《ほふく》して身を運するに及ひては犬狸《ねこ》の屬を見れは或は棍《こん》を擧けて之を打ち或は尾を攫て之を曳きて彼れ其圓穉《えんち》の顏色欣々然《きんきんぜん》として自ら快とせり其然らさる者は必す體軀尫弱《おうじやく》にして氣力無き者なり且つ忿怒《ふんぬ》は義氣の發なり苟も義氣有る者皆怒らさる者莫し故に狸の鼠を捕ふるは狸の義氣なり狼の鹿を捕ふるは狼の義氣なり是二物豈不仁と爲す可けん哉是二物を以て不仁と爲すは畢竟吾儕人類中の言語なるのみ

且つ彼の學士は理論を貴ひて鬪爭を賤むと雖も實は亦勝つことを好みて負くることを惡むを免れす試に看よ兩學士の相嚮ふて各々其持說を述るに方りてや交々論し互に駁し其末や聲を勵まし膝を動かし目を瞋《いか》らし腕を扼《やく》し相共に囂々《ごうごう》として復た敵家の言ふ所を聽くこと無し彼れ必す曰はん己れの勝つことを好むに非す己れか主張する所の理の勝つことを好むのみと遁辭《とんじ》なる哉若し眞に理の勝つことを好むのみならは何そ虛心

平氣にて其旨趣を述へさる乎

爭は人の怒なり戰は國の怒なり爭ふこと能はさる者は懦夫《だふ》なり戰ふこと能はさる者弱國なり人若し爭は惡德なり戰は末節なりと曰はゝ僕は對へて曰はんとす人の現に惡德有ることを奈何せん國の現に末節に徇《したが》ふことを奈何せん事の實際を奈何せんと是故に文明國は必す强國なり戰ふこと有りて爭ふこと無し嚴明なる法律有り故に人と人とは爭ふこと無し强盛なる兵力有り故に國と國とは戰ふこと無きこと能はす夫の野蠻の民は常々相爭ふて已ます豈復た戰ふに暇有らん或是故に古今の史籍に徵するに昔の文明國は昔の善く戰ふ者なり今の文明國は今の善く戰ふ者なり斯抜篤《スパルタ》善く戰へり羅馬善く戰へり近世に在りては英佛獨魯最も善く戰ふ者なり是故に世運益々進み智竇《ちとう》益々開くるに及ひ其戰に於て兵を用ること益々衆く武器益々精《くわし》く城壘益々固し是故に武備は各國文明の効の統計表なり戰爭は各國文明の力の驗温器なり二國將に戰はんとする乎學術最も精なる者貨財最も富める者必す勝を獲《う》可し其武備殷實なるか故なり五洲の中に就き歐羅巴文明最も進めり故に武備最も充てり戰最も强し是れ其明證に非す乎是れ事の實迹に非す乎

魯失亞兵百餘萬有り將に土耳古《トルコ》を吞まんと欲し將に朝鮮を併さんと欲す日耳曼も亦兵百餘萬有り既に佛蘭西を蹋翩《とうへん》して將に威を亞細亞に伸へんと欲す佛蘭西も亦兵百餘萬

有り將に讐を日耳曼に報せんと欲し又新に地を安南に畧せり英吉利堅艦百餘有り地球上到る處殖民地無きは莫し且つ近日歐洲諸强國の爲す所を見すや魯英獨佛互に目を瞋らし交々腕を撫て機を視て將に發せんとするの勢は恰も爆發藥を堆積して地上に滾轉するか如し一時轟然として迸裂《ほうれつ》する時は千百萬の兵卒は歐洲の野を蹂藉し百千艘の鬪艦は亞細亞の海を攪破《こうは》せんとす是時に於て區々として自由平等の義を唱へ四海兄弟の情を逑ふるか如きは眞に陸秀夫の論語なる哉

炎熱爞々《ちゅうちゅう》として蒸すか如く燒くか如し人有り机に對し椅に憑り或は書を披《ひら》ひて呻吟し或は目を瞑《と》して反觀し流汗面に漲《みなぎ》り背に湛へて自ら其熱を覺へす冬夜將に五更ならんとす燈微に爐冷に硯水《けんすい》磨するに隨ふて氷結し手足頭面胸腹背脊《はいせき》一點の温氣有ること無し其人や亦机に對し椅に憑り或は書を披ひて呻吟し或は目を瞑して反觀して自ら其寒を覺へす彼れ果て何の樂む所有る乎樂む所有り其樂みたるや極て大なり彼れ其腦中の智慧方に一心衆力の將帥と爲り迭升法《てつしょうほう》を銃礮とし迭降法を船艦とし諸種謬戾《びゅうれい》の勁敵《けいてき》を擊破して眞理の國都に進入せんとす其樂たるや極て大なり商人は市道不振の勁敵に勝て巨利を攫むことを樂み農夫は氣候不序の勁敵に勝て豐穰を獲ることを樂む其他一業を執り一技を脩むる者皆勝利を求めさる莫し皆快樂を願はさる莫し人各々皆樂む所有り國も亦樂む所無かる可けん哉人をして樂ましむる者は各人の心なり國をして樂ま

しむる者は宰相の謀策なり武將の韜畧なり謀策妙にして與國先を爭ふて盟を我に納れ韜畧奇にして敵國一戰の下に破敗す國の樂たる其れ何如そや

且つ紳士君は專ら戰爭を以て不好事と爲し兵卒の櫛風沐雨《しっぷうもくう》の苦を想像して眞の苦と爲し兵卒の焦頭烈脚の痛を想像して眞の痛と爲す眞の苦ならん哉眞の痛ならん哉戰は勇を主とし勇は氣を主とす兩軍將に合せんとす氣は狂するか如く勇は沸くか如し是れ別天地なり是れ新境界なり何の苦痛有らん哉敵軍我を距《へだ》ること若干里にして其處に止舍す我か大將徃きに候騎を遣はして委曲其狀を審《つまびらか》にせり我衆、彼山腹を繞《めぐ》り此逕路を過き敵の後に出て敵の横に出て敵の不意に出て一時に熕礮《こうほう》を發し一斉に鎗銃を放ち煙に乘して馳突《ちとつ》し風を負ふて撞衝《どうしょう》せは我れ必す勝を一擊に決することを得ん吾れ且つ身を挺して先登せん死せさるを得る乎勇烈三軍に冠たらん死する乎名を身後に留めん是れ卒徒の樂なり其樂たるや極て大なり且つ紳士君の祁寒《きかん》を畏れす炎熱を怯れす書を披ひて呻吟し目を瞑して反觀し自ら以て苦痛と爲さす武夫たる者何そ死傷を以て苦痛と爲さんや

曠野《こうや》茫々《ぼうぼう》として十里以內人家を見す四望すれは岡巒《こうらん》起伏し蜿蜒《えんえん》し屛風を列るか如し天晴れ風靜にして初日霜を照らし枯草平鋪し瘦莖《そうけい》蹈むに隨ふて摧折《さいせつ》す晩秋に非れは初冬なり敵軍前に當りて陣す其衆は十萬なる可し十一二萬なる可し其將校は某々なり善く

兵を用るの名有り其士卒は頗る精勁にして其兵仗《へいじょう》は頗る鋭利なり我軍十萬皆剛烈にして素より吾か將署に服す我れ捷《かち》を得れは銃劔敵の背に接し長驅して都に入り地を裂き金を要し和成りて我王國の武威斯に四隣に光被せん捷を得されは則ち一死以て驍名《ぎょうめい》を世に播《ほどこ》さんのみ是れ大將の樂なり其樂たるや極て大なり………紳士君、紳士君、君は筆墨を以て樂と爲せ僕は戎馬《じゅうば》を以て樂と爲さん

南海先生是言を聞き微笑して曰く公等年壯に氣鋭なり各々其樂を以て樂と爲す可し余の樂む所は唯此れ有るのみと因て又一二杯を連飲し胸を撫て曰く快なる哉

洋學紳士曰く豪傑君方に君と共に國家の大計を論す一身の樂を論するに非す君も亦少く本論の外に出るに似たり

南海先生曰く豪傑君善く人心の奥區を捜抉し善く人情の快樂を摸寫す性理家の說に得る有る者に似たり

豪傑の客曰く僕過てり請ふ直に本論に入らん方今宇內萬邦の相競ふて武を尙《たっと》ふや凡そ學術の得る所種々精妙の効果は皆資りて以て戎馬の用に供して益〻其精鋭を極む即ち物象の學物化の學算數の學の如き或は以て銃礮を精にし或は以て城壘を堅くし農工商賈の業の如き或は以て軍器の費に給し或は以て粮食の用に充つ之を要するに凡そ百般の業皆轉注匯流《かいりゅう》して力を軍政に輸《いた》さゝる莫し是れ其百萬の兵衆、數百千の艦隊か一號

令を待て直に敵城を指して進み敵港を望て駛《はし》りて期會に後れ節度に違ふの患無き所以なり嗚呼此幾萬々虎狼の眼下に在りて國を爲す者軍政を外にして何を恃みて自ら維持せん哉然と雖も彼れ百萬の兵有りて我兵十萬に過きす彼れ千百の艦有りて我艦數十に踰へさるに於ては日々に錬習を事として其精鋭を極むるも要するに兒戲に等きのみ要するに一時目を怡はすの觀に過きさるのみ此を用て以て外侮を禦かんと欲するか如きは愚に非れは狂なり我港灣未た煩轟《こうごう》の害を受けす是れ幸なるのみ我堡壘未た燒夷の禍を被らす是れ幸なるのみ彼れ元來我を畏るゝこと有るに非す彼れの來寇せさるは彼れ自ら未た來寇するを得さる理由有るか故なり彼れ一日來寇せんと欲せは輙ち來寇せんのみ則ち我港灣は轟破せられんのみ我城堡は燒夷せられんのみ我州郡は割裂せられんのみ我都城は………嗚呼今日に在て衆小邦たる者其れ危殆《きたい》なる哉

然と雖も邦小なる者は猝《にわ》かに之を大にせんと欲するも得可らす邦貧なる者は暴かに之を富さんと欲するも得可らす兵寡きも之を増すことを得可らす艦少きも之を多くすることを得可らす然とも兵を増し艦を多くし邦を富し邦を大にせさる時は或は亡滅に至るも未た知る可らす是れ算數の理なり波蘭《ポーランド》と緬甸《ビルマ》とを見すや幸なる哉今日に於て我れ現に邦を大にし邦を富し兵を増し艦を多くするの策有りて存す何そ速に此策に從事せさるや

豪傑君少く時に後れたり

亞細亞に於て乎阿非利加に於て乎僕遇ま之を忘れたり一大邦の在る有り僕遇ま其名を忘れたり是れ甚た博大なり甚た富實なり而て甚た劣弱なり僕聞く此邦兵百餘萬衆有りと雖も然とも混擾《こんじょう》して整はす緩急用を爲すに足らすと僕聞く此邦制度有るも制度無きか如しと是れ極て肥《ひ》腯《とつ》なる一大牲牛《せいぎゅう》なり是れ天の衆小邦に餌して其腹を肥さしむ所以なり何そ速に往て其半を割さるや其三分の一を割さるや一紙の詔令を發し盡く國中の丁壯を募る時は之を少くするも四五十萬衆を得可し府庫の財を傾くる時は之を少くするも數十百艦を買ふ可し兵往き商往き農往き工往き學士往き兵は戰ひ商は販《あきな》ひ農は耕し工は作り學士は教へて彼邦の半若くは三分の一を割取りて我邦とするに於ては我れ其れ大邦と爲らん財阜《ゆたか》に人衆く乃ち敷くに政教を以てせは城壘起す可く熕礮鑄る可く陸には百萬の精鋭を出す可く海には百千の堅艦を泛《うか》ふ可し我小邦一變して魯失亞と成り英吉利と成らん………舊小邦は如何か之を措置せん我れ既に新大邦を得たり舊小邦は何そ心を留むることを須ひんや且つ我君上は親《みずか》ら我中軍に將とし某々々水師提督と某々々大中少將とを隨へて自ら擁衛し堅牢無比なる某艦に御して海を踰へ往に我某道の軍の大捷《たいしょう》を得たるに乘し某地を卜して都を奠《さだ》め新に宮殿を起し構築極て宏麗にして幾層の樓閣挺然《ていぜん》として雲表に聳《そび》へ羽林は環列し飛騎は圍屯し儼然たる帝者の居を爲せり故に我君上は我新大邦の君上なり舊小邦は外

國の來り取るに任せん魯失亞先つ來る乎我れ之を與へん英吉利先つ來る乎我れ之を與へん………否々此れ上策に非す舊小邦には民權家有り民主家有り彼輩多くは君主を好ます兵隊を好ます我君主我兵隊は皆新大邦に徙《うつ》れり故に舊小邦を擧けて之を民權家民主家に與へん彼輩の喜ひは則ち知る可きなり上策に非す乎

歷代の山陵を如何せん民權家如何に兇頑にして君主を好まさるも既に升遐《しょうか》したる君主をも好ますして敢て無禮を陵墓に加ふるに至らんや年々使節を遣はして幣を奉せは何そ追遠の禮を欠くに至らんや

我れ既に一大邦を奄有《えんゆう》し土廣く民衆く兵強く艦堅く益々農を勸め益々商を通し益々工を惠み益々政令を脩むるに於ては我官家は財益々殷富にして此を以て彼の歐米文明の效力を買取り我庶民も亦財益々殷富にして此を以て彼の歐米文明の效力を買取るに於ては彼英佛魯獨の悍強《かんきょう》なるも復た何そ我を侮ることを得ん哉

且つ彼英佛獨魯の諸國か今日富强を致せし所以の者は一朝一夕の故に非すして其原因たる極て滋く其手段たる極て蕃《しげ》し或は賢哲王の統御して仁惠を布《し》くあり或は俊傑宰相の君主を輔《たす》けて内外の政を整理する有り或は名將の武勳を建つる有り或は碩學の士の至理妙義を唱ふる有り或は巧藝の士の精器を造る有り昇平の時に在ては之を停蓄し之を浸漬《しんし》し兵爭の候に於ては之を泄釃《せつし》し之を攪攤《こうたん》し膏雨《こうう》以て之を潤ほし晴日以て之を晒

らし或は阻隘《そあい》を去りて坦夷《たんい》に就き或は激湍《げきたん》を出てゝ穏流に入り或は右に或は左に或は緩に或は急に千辛萬苦して以て今日文明の境界に透徹せり是れ其年歳を費やし智力を費やし工夫を費やし生命を費やし財貨を費やしたること如何そや然るに我れ一時傍より其効果を分ち取りて文明の境に闖入《ちんにゅう》せんと欲せは金を出して買取るに非れは他に手段無きなり然るに文明の價は極めて貴くして些少の額を以て之を買ふ可きに非す故に小邦に在りて暴かに之を買取らんと欲する時は國財頓に盡くるに至らん若し徐々に金を出して徐々に買取らんと欲するときは買得たる所未た幾何《いくばく》ならすして我は則ち彼の爲に呑併《どんぺい》せられん何となれは我れ小なりと雖も彼れ若し我を呑併する時は更に其文明の具を増すに於て幾分益する所有る可れはなり且つ縦令ひ彼れ温仁にして憐みて敢て我を呑併せさるも彼れの強大にして我れの弱小なる我れ自然に消融し自然に糜滅《びめつ》するを免れす譬は猶一滴水を炎日に晒すか如し彼日は必すしも水を乾すの意有るに非さるも水は則ち自然に蒸氣と爲り散滅して已まんのみ是れ強弱大小の勢なり

一部の實地經濟策異日必す此處より生すべし

是故に他邦に後れて文明の具を得んと欲する者は其術多種なりと雖も要するに巨額の金を出して買取るに外ならすして小邦に在りては其費を給すること能はす必す更に一大邦を割取りて己れ自ら富國と爲らさる可らす然るに天の寵靈に頼りて眼前厖然たる一大邦の在る有りて土壤豊沃にして兵衆軟弱なるに

於ては何の幸か之に踰《こゆ》る有らん假《たと》ひ彼大邦をして強盛ならしめは我割取りて自ら富まんと欲するも得可らす今幸に彼大邦現に惰懦《だだ》にして與みし易き時は小邦たる者何そ速に之を取らさるや之を取りて自ら富み自ら強くするは取らすして自ら消滅するに勝ること萬々ならすや

豪傑の客更に一杯を飮て又云ひけるは且つ縱令專ら內政を脩明して異日文明の地を爲さんと欲するよりして考ふるも今の時は外征の策實に已む可らさる者有り以下之を論せん

抑も他邦に後れて文明の途に上る者は一切從前の文物品式習尙情意を擧けて之を變更せさる可らす是に於て國人中必す舊を戀ふの念と新を好むの念との二者發生して反對の觀を呈するに至るは勢の自然なり其舊を戀ふの徒に在りては凡そ新規の文物品式習尙情意は皆輕浮の狀虛夸《きよこ》の態有りて之を見れは目を汚すを覺へ之を聞けは耳を涴《けが》すを覺へ之を言へは嘔噦し之を念へは昏眩《こんげん》す其新を好むの徒は正に之に反して苟も舊規に屬する事物は皆腐壞して一種の臭氣有るか如く汲々として唯新規是れ求めて後るゝことを恐る即ち其未た此の如き極端に至らさる者と雖も細別する時は必す此兩黨中の一に列在するを見る要するに戀舊好新の二者は此種の國民中氷炭相容れさる二元素なり顧ふに此二元素は之を分析すること甚容易ならさるも年齡と州俗とに由りて判斷する

ときは大抵之を別つことを得可し試に實際に就て點撿せよ齡三十以上の人物は往々皆繼舊家にして三十以下の人物は往々皆好新家なり即ち三十以上の人物にして自ら務めて新事物を採用して且つ其意實に之を嗜好するに至りたるか如き者と雖も仔細に覘考するときは知らす識らす時々繼舊の情發生して其力を逞くするを見る三十以下の人物に至ては父親の教育或は繼舊家の習を免れさるも其自ら言爲する所は自然に好新の元素を包含して繼舊元素と相容れさるを致す怪しむこと無きなり彼三十以上の人物に在て其十二三齡即ち稍や人事に感觸するの齡に及ひたる以後は其の日々に業とする所は詩書を誦し語孟《ごもう》を讀み否らされは劒を撃ち槍を揮ひ又其耳目の觸るゝ所心志の遇ふ所舊事物に非さる莫くして深く腦髓に印著して復た拭去る可らす若夫れ三十以下の人物は其頭腦未た一點の寫影を受けさるに及ひて早く已に新事物の爲に浸漬せられて其好新の念直に一心の主と爲ることを得たり是れ此兩齡の好尙を殊にする所以

なり人或は云はん三十以上の人物と雖も夙《つと》に英佛の書を學ひ若くは飜譯諸書を誦し若くは時勢に鞅掌《おうしょう》して夫の自由平等權理責任等の旨趣に於て頗る其蘊奧を究め新途に進入すること是れ務めて肯て少壯の後に居らさる者甚衆し未た年齡を以て之を別つ可らすと是れ洵《まこと》に然り高明の才を持し卓偉の見を具ふる者は固より常理を以て之を論す可らす若夫れ其他は年齡の爲に

高明の才を持し卓偉の見を具ふる者世間果て其人有る邪……有るとも〱

局せられさる者實に希なり

試に彼三十以上の人物か妻子の間に在る時を觀よ其兒子か夏日絹傘を持して日を遮り若くは冬日絨巾《じゅうきん》を纏ふて寒を防くを見るときは輒ち叱して云ふ汝何そ脆弱なるや炎日何そ畏るゝに足らん寒風何そ怯るゝに足らんと是れ其意其兒子をして寒暑の刺衝に習はしむるに在らすして特に其少時曾て此二物を用ひしこと有らさるか爲めなり又其妻か學藝を話說し若くは時事を談論するを聞くときは輒ち痛く戒めて云ふ汝一婦人唯中《ちゅう》饋《き》を司りて足るのみ今後復た此の如き事を吐出して他人の爲に冷笑せらるゝこと勿れと是れ其意或は牝鶏《ひんけい》の晨《しん》に至るを戒るに在らすして特に其少時に於て婦人か此等の事を話することを聞きしこと有らさるか故なり然而て其兒子は竊に笑ふて云ふ何そ吾父の疎暴にして衛生の道を解せさるやと其妻は陰に哂《わろ》ふて云ふ何そ吾良人の頑戇《がんとう》にして時風に通せさるやと故に曰く戀舊好新の二元素は大概年齡に由りて分別することを得ると

又此兩元素は亦州俗に由て分別することを得可し大抵封建の時大邦を享けて租額二十萬石以上の者は大率《おおむね》其四境を閉ちて外國人の來入ることを禁せり是を以て其人畢生《ひっせい》の見聞する所は皆邦內の事物に出てすして終身の接遇する所は皆邦內の士女に過きす是を以て其思想其習尙其被服並に其言語に至るまで自ら一定の態有りて儼然として別に

一種族を爲せり即ち租額二十萬石以下の小邦と雖も其都邑僻陬《とゆうへきすう》に在て外邦と交接せさる者は亦此と異なる無し要するに此等の邦俗は皆質朴にして武を尙ひ以て國風を成せり是を以て其人多は疎豪にして厚重なり鄙野《ひや》にして雄剛なり否されは忌克にして陰険なり頑鈍にして推魯《ついろ》なり是を以て其人多は舊を繼ふて新を厭ひ悲壯慷慨《こうがい》の氣に富みて縝密周匝《しんみつしゅうそう》の才に乏し若夫れ四通八達の地に國せし者の如きは其民常々四方の事物に接觸し四方の人士に應酬し紛々擾々以て生を爲せり是を以て其俗皆華侈《かし》にして文を喜ふ是を以て其人多は敏慧にして縝密なり否らされは諂佞《てんねい》にして浮滑なり是を以て其人多は舊を棄て新を謀るに於て極て迅速なり若夫れ高明の才を持し卓偉の見を具ふる者は固より常理を以て之を論するを得さるも其他は邦俗の爲に局せられさる者實に希なり故に曰く戀舊好新の二元素は大概州俗に由て分別することを得ると

然而て彼の後れて文明の途に上りて一旦改革の運に際したる邦國に在ては此二元素廣く朝野に被むり遍く官民に及ひ隱然として擧國人心の中に潛行默發して到る處互に其力を角し交々捷利《しょうり》を競ひ宰相大臣の間に在ては宰相大臣を乖隔《かいかく》し百僚の間に在ては百僚を乖隔し在野人士の間に在ては在野人士を乖隔し農工を乖隔し商賈を乖隔し親子を乖隔し夫妻を乖隔し子弟を乖隔し朋友を乖隔し之を上にしては廟朝百年の大計に於て之を下にしては民生日常の事業に於て之を顯著にしては對面堂々の議論に於て之を隱

微にしては飲食嗜好の瑣事《さじ》に於て苟も人生機心の寓する所は此二元素必す相擠排《せいはい》し相剋爭《こくそう》して復た調和す可らす是に於て一國の中朝野官民學士藝人農工商賈等從前族類の區畫の外に於て別に二大黨類を生出するに至る此れ實に救療し難き大病患なり某大臣某將軍は舊甲藩の人なり某大臣某將軍は舊乙藩の人なり甲藩は大邦なり其然らされは遠陬《えんすう》に僻在して他邦人と交接すること無かりき其俗質朴にして武を尙ひ其人疎豪にして厚重なり否されは其人克忌にして陰險なり乙藩は小邦なり其然らされは四通の路に國して八達の衢《く》に邑《まち》せり其俗華侈にして文を喜ひ其人敏慧にして縝密なり否されは其人諂佞にして浮滑なり我れ是に於て明に其孰れか最も繼舊元素に富みて孰れか最も好新元素に富むことを知る若夫れ高明の才を持し卓偉の見を具ふる者は之を測ること能はさるなり

某大臣某將軍は四五十齡なり某大臣某將軍は二三十齡なり我れ是に於て明に其孰れか最も繼舊元素に富みて孰れか最も好新元素に富むことを知る若夫れ高明の才を持し卓偉の見を具ふる者は我れ之を測ること能はさるなり

舊自由黨と改進黨との顏觸れ

且つ在野人士中同一自由の義を唱へ同一革進の説を張るの徒に在ても夫の繼舊好新の二元素隱然として其力を逞くして兩家の人をして各々別樣の色態を呈せしむ試に看よ好新元素に富むの徒は理論を貴ひ腕力を賤み產業を

先にし武備を後にし道徳法律の説を鑽研し經濟の理を窮究し平居文人學士を以て自ら任して武夫豪傑の流、叱咤慷慨の態は其痛く擯斥《ひんせき》する所なり宜《う》へなり此輩の景慕する所はチェールグラットストーンの徒なり拿破崙ビスマルクの輩に非さるなり若夫れ繼舊元素に富むの徒は然らす彼れ其れ自由を認て豪縱不羈《ごうしょうふき》の行と爲し平等を認めて鏟刈《さんがい》破滅の業と爲し悲壯慷慨して自ら喜ひ法律學の佶屈《きっくつ》なる經濟學の縝密なるか如きは其深く喜はさる所なり

是故に此輩をして佛國革命の紀事を誦せしむる時は立法國會及ひ契約國會か上下紛擾の間に在て不朽の典章を建立して第十九世紀の新世界を開闢《かいびゃく》したるか如きは初より心を留めすしてロベスピエール、ダントンの徒か相ひ競ふて屠斬の暴を恣にせしを見るに及ひては蹶起《けっき》して快と呼ひ其爲せし所を爲さんと欲して流涎《りゅうぜん》三尺なるに至る怪むこと無きなり此輩は今より二三十年前に在りて皆劍を擊ち槍を揮ひ屍を馬革に裹《つつ》むを以て無上の榮譽と爲せし者にて其尚武の習は遠く祖先の遺傳する所にして寓《よ》せて三尺の劔に在り其身に至り益々寶重して失はす廢刀の令出るに及ひ涙を把りて之を篋裡《きょうり》に藏《おさ》めしも心中猶ほ竊に自ら祝して一日取出して之を用ゆるの機會に遭遇することを願はさる莫し其後民權自由の說海外より至るに及ひ彼輩は則ち翕然《きゅうぜん》として之に嚮往《きょうおう》し所在相ひ共に結聚して黨幟《とうし》を飜へし曩日《のうじつ》の武夫一變して

舊自由黨必嗔矣必哂矣

儼然たる文明の政事家と爲れり嗚呼彼れ豈眞の文明政事家ならん哉彼れ其腦中本と自ら馬革旨義を蓄へ湮鬱《いんうつ》して洩らすこと能はす適々民權自由の說を聽き其中に於て一種果敢剛銳の態有るを見て喜ひて以爲へらく是れ我か馬革旨義に類似する有り如かす封建遺物の馬革旨義に易《か》ふるに海外舶齎《はくせい》の民權旨義を以てせんにはと彼輩腦髓進化の正史盖し此の如し固より眞の進化に非さるなり彼輩太《はなは》た國會を好む其大聲疾呼するに便なるを好むなり其宰相大臣に抗するに便なるを好むなり彼輩太た改革を好む舊を棄てゝ新を謀ることを好むに非さるなり唯專ら改革することを好むなり善惡倶に改革することを好むなり破壞を好む其勇に類するか故なり建置を好ます其怯懦に類するか故なり尤も保存を好ます其尤も怯懦に類するか故なり

被選權を得さるか爲めに國會に入ることを得さる乎城南の某街に在て城北の某街に在て傾圮《けいひ》せる寺院有り彼輩の倶樂部なり大臣を攻擊し議士を攻擊し新聞記者を攻擊して餘力を遺さす唯攻擊することを好むか爲めに攻擊して初より自ら何の故に攻擊することを知らさるなり旣にして一新聞を發兌《はつだ》せり社說文辭中何の字か最も多き顚覆破壞斬《ざん》戮《りく》屠殺等の字は吾れ其甚少からさるを知る其實辭に在りては肝腦鮮血頭足等の字面は用ひて以て詞句を瑰麗《かいれい》にする所なり僕是に於て始て佛のマラーサンジュスト輩か佛蘭西大革命の前三五年に在て定て戀舊家なりしを覺るなり

政治的力士の顔觸れ

嗚呼戀舊好新の二元素か壘を對して廟廊の上に相値《あ》ふや邦家の大計に於て妨阻する所有ること如何そや此の如き現象は古今歴々證す可くして實に人をして頭を痛め額を蹙《あつ》めしむるに足る戀舊元素は大抵狀貌《じょうぼう》魁岸《かいがん》にして志氣雄豪なり或は雄豪なるに似たり而て事に遇《あ》ふ毎に猛斷峻行《しゅんこう》して後害を顧みす輿論を憚らす平生無事の日に在ては高拱緘默《こうきょうかんもく》して自ら喜ひ一切緻密なる思考を須ひ圓滑なる實行を要する事項は瑣砕《ささい》なりとして之か措置を施すことを屑とせすして曰く我れ素より迂拙にして此事に當るに足らす誰某慧巧にして幹錬なり能く勉勵して事に從ふ彼れ自ら當に之を辨す可きのみと盖し平生大關係無き事條に於ては專ら愚を以て自ら智とし拙を以て自ら巧とし其或は知る所を枉《ま》けて知らすとし其或は能くする所も故らに能せすとして他人に推諉《すいい》して肯て與らす其意に以爲へらく是れ小事のみ何そ心を用ふるに足らんと一旦利害の關する所有るに及ては頭を昻けて一言し衆議洶々《きょうきょう》たるも畧ほ恤ふること無く可と無く否と無く必す其言ふ所を行ふことを以て目的と爲して中道にして遽に他人の議に從ふか如きは其極て恥辱とする所なり好新元素は然らすして事に遇ふ毎に小と無く大と無く必す愼み必す重んし心を焦し慮を凝らし本を揣《はか》り末を度《はか》り丁寧周匝《しゅうそう》にして必す弊害無きを審にするに非れは敢て斷行すること無し故に其容顏は往々清爽にして其志趣は往々沈實なり或は沈實なるに似たり戀舊元素は屈撓《くっとう》すること

無きを以て目的と爲して好新元素は失敗すること無きを以て目的と爲す看よ古今此二元素か相共に朝に立つの時に在ては其施設する所往々人をして了解すること能はさらしむ怪む無きなり其壘を對し相爭ふに於て繼舊元素若し捷《かち》を得る時は官の令する所必す果斷の意を帶ふる有り好新元素若し勝を獲る時は官の令する所必す周匝の態を呈する有り是に於て凡そ若干年來甚きは若干月來官の施令する所を把りて前後相對比するときは其趣向極て相類せさるを見る若夫れ其薦引し其奬拔する所の人物に至ては其相類せさること何如そや彼れ各々其悅ふ所の者を薦引し其愛する所の者を奬拔するは自然の情なり是に於て吏の噐局有る者若くは噐局有るか如き者は好新元素喜て之を吸引し吏の操守有る者若くは操守有るに似たる者は繼舊元素好て之を噏納《きゆうのう》す是れ固より心術的化學の理なり是に於て百司の主長に論無く即ち

世界の書記官皆此通り

刀筆小吏に至るまで苟も繼舊元素の吸引する所に非れは必す好新元素の噏納する所にして夤緣《いんえん》して依附し矯飾して粉塗し以て各々自ら售《う》りて後日の地を爲すことを求め堂々たる官府を擧けて二元素黨類の窟宅《くつたく》と爲るに至ること史を按《あん》して徵す可きなり

紳士君、紳士君一國中朝と無く野と無く兩元素交々力を角し互に捷利を競ひ一旦或は大に相抵激して互に勝敗を一擧に決せんと欲するに及ては國其れ殆《あやう》ひ哉即ち然らすして兩元素各々自ら戒めて相共に務て和合することを求むるも其原質の相容れさるより措置の間自然に阻格の患を生すること何如そや必す二元素の一を除去るに非れは國家の事復た爲す可らさるなり紳士君、紳士君若し此二元素の一を除くこと能はさるに於ては君の崇敬する所の進化神は僕固より其靈驗無きを見るなり

洋學紳士曰く必す二元素の一を除くことを要するに於ては戀舊元素を除かん乎将《は》た好新元素を除かん乎

豪傑の客曰く戀舊元素なる哉好新元素は譬へは生肉なり戀舊元素は譬へは癌腫なり

洋學紳士曰く君往《さ》きに僕の言を譏《そし》りて學士の迂論《うろん》なりと爲せり今は改革の運に際する邦國の二元素を論するに及ひ其好新元素を存して其戀舊元素を除かんと欲して之を癌腫に比するに至る君の言恐くは前後相容れさるに似たり眞理の誣ゆ可らさること固より此の如き哉

豪傑の客笑ふて曰く然り君は純乎たる好新元素なり民主の制に循ひ且つ兵備を撤せんと欲す僕は固より戀舊元素なり武震に頼りて國を救はんと欲す君は唯生肉を肥やすことを知るのみ僕は國の爲めに癌腫を除くことを求む癌腫を除かされは生肉を肥やさんと欲するも得可らさるなり

洋學紳士曰く癌腫を除くの方法は如何

豪傑の客曰く割去らんのみ

政治的外科醫出來れり

洋學紳士曰く君戯言すること勿れ癌腫は疾病なり固より割去ることを得可し戀舊元素は人身なり豈割去ることを得可けん哉君請ふ戯るゝこと勿れ

豪傑の客曰く癌腫は之を割かんのみ戀舊元素は之を殺さんのみ

洋學紳士曰く戀舊元素を殺すの方法は如何

豪傑の客曰く之を驅りて戰に赴かしむ是なり彼の戀舊元素は其朝堂に布列する者と市井に家居する者とに論無く皆太平を厭ひ無事に苦みて所謂咄々《とつとつ》髀肉《ひにく》の生することを如何ともすること無し國家若し令を發して戰端を開くときは二三十萬の衆立《たちどこ》ろに麾下《きか》に致すことを得可し僕の如き者も亦社會の一癌腫なり自ら割去りて久く邦家生肉の害を爲さゝることを冀《ねが》ふのみ癌腫の割斷場は亦彼の僕か名を忘れたる阿非利加か亞細亞の一大邦に若くは莫し故に僕は二三十萬衆の癌腫家と倶に彼邦に赴き事成れは地を畧して一方に雄據し別に一種の癌腫社會を打開せん事成らされは屍を原野に横へ名を異域に留めん事成るも事成らさるも國の爲めに癌腫を割去るの効果は必す得可きなり所謂一擧兩得の策なり是故に僕か胸中蓄ふる所の第一策は盡く國内の丁壯を擧け彼大邦に赴き小を變して大と爲し弱を變して强と爲し貧を變して富と爲し然後巨額の金を出して文明の効を買取り一蹴して泰西諸國と雄を競ふことを求むること是なり若夫れ内治を脩明し制度を釐正《りせい》し風俗を移易し後代文明の地を爲すか爲めに新圖を妨害する戀

舊元素を擧けて一時に之を割るか如きは第二策なり世の故常に安んし姑息を守り一切猛斷の擧を怯れて唯游移搖曳《ようえい》して以て得計と爲す者は此二策を聞くときは皆駭絶《がいぜつ》して舌を吐かん僕固より其然るを知れり然れとも古今豪傑の士非常の變に遭遇する者は皆非常の計を出して以て大効を收めさる莫し「斷して行へは鬼神も之を避く」とは正に此意を謂ふなり且つ政を爲す者は時と地とに由り各々其手段を異にす僕の二策を取りて之を今日の泰西諸國に施す時は直に狂人の行爲なり故を以て孛漏生國の如きはビスマルクの宰相たるを以てモルトゲの將軍たるを以て百萬の兵を驅りて百萬の煩を運し數百年來薪に臥《ふ》し膽《きも》を嘗《な》め仇視《きゆうし》して一日も忘れさりし所の佛國を破敗したるも和を講するに及ひては其得る所はローレーンアルサースの二郡と八億弗蘭《フラン》金とに過きさる者は時と地との勢實に然らしめたるなり僕の二策を今日の亞細亞亞弗利加に施す時は正に其機に合せり假りに泰西諸國奇傑の士をして今日の亞細亞に在らしめは僕必す其斷然として此二策の一に循ふて變弱爲强の業を建るか若くは割斷癌腫の計を施して遲疑せさるを知るなり

洋學紳士曰く然り拿破崙第一及ひ帖木兒《チムール》の如きは或は君の兩策に出る者なり世運進歩の大妨害を爲す者は此種の怪物なり自由平等の大義と道德經濟の至術とを破壞して腕力社會を開拓する者は此種の怪物なり第十八世紀以後歐洲の山林に於て此種の怪物を

生せさりせは民主の旨義は既に大に其管轄を擴《ひろ》めて學術の機關は已に大に其規摸を拓きたらんこと疑無し試に歐洲豪傑の士を把來りて之を我東方豪傑の士に比較せよ僕か所謂怪物の豪傑は我東方に於て類似の人有るも眞の豪傑は我東方に於て類似の人物甚た寡し是れ我東方の歐洲に及はさる所以なり看よ歷山德《アレキサンドル》や愷撒《カエサル》や拿破崙や若し劉邦《りゆうほう》勿《フ》必《ビ》烈《ライ》豐太閤の屬を以て之を比する時は幾分か相類する所有るを見るもニュートンやラウォアジエーやアタスミッスやオーギュストコントや誰か類似の人物有る乎一時猛暴の謀を出して目前を經營する者は皆百年の大計を害する者なり

豪傑の客曰く天下の事は皆理と術との別有り力を議論の境に逞くする者は理なり効を實際の域に收むる者は術なり醫道には則ち醫理有り醫術有り政事には則ち政理有り政術有り細胞の說や黴菌《ばいきん》の論や醫理なり熱病に幾尼《キニネ》を投し黴毒に水銀を用ゆ醫術なり平等の義や經濟の旨や政理なり弱を轉して强と爲し亂を變して治と爲す政術なり君請ふ其理を講せよ僕其術を論せん

且つや方今の時一たひ眼を歐洲諸國の形勢に著《つく》るに於ては亞細亞の群島に居て活計を爲す者は恰も一點の燈火を把りて之を飇風《ひようふう》の前に置くか如し颯然として來り撲《う》つ時は其滅すること立ちて俟つ可きなり憂國の志有る者は今に及ひて早く措置を爲さる可らすして外征の計實に其機に合せりと爲す童諺《どうげん》に曰く夜叉の未た至らさるに及ひて速に

其衣裳を濯《あら》ふとは今の時實に然りと爲す夜叉とは何そや獨佛魯英即ち是れなり蓋し近日獨佛二國の狀勢に係りては中外諸新聞並に報道を怠らすして或は云ふ二國戰備甚た力《つと》むと或は云ふ平和を保つの摸樣有りと或は云ふビスマルク云々の言を爲せりと或は云ふブーランジェー云々の狀を爲せりと而て僕は特に此二國相讐する所以の故を尋繹《じんえき》して其破裂の甚た遠らすして今日に於てせされは明日に於てし今歳に於てせされは明歳に於てす可きを察して復た疑はさるなり

夫れ二國の相讐するや紳士君の言の如く單に拿破崙帝の佛蘭西と維廉帝の孛漏生と怨を結ひたるに非すして古より以來國と國と怨を結ふこと未た此二國の甚たしきか如き者を見す是れ其故たる一朝一夕の事に非すして拿破崙維廉の二帝は特に其破裂の時機に遭遇したるに過きさるのみ即ちビスマルクは幸にして其破裂の時に逢ふて因て其技《ぎ》倆《りょう》を逞くせし者なりガンベッターは不幸にして未た其破裂の機に遇はすして其膽畧を顯はすことを得さる者なり拿破崙末年寖く國民の望に背き議院中反對黨頗る衆かなりしも戰を孛國に宣するに及ひては議院の士皆盡く同意を表して即ちチェールの老錬にして口を極て戰の不利なるを論せしに滿場囂々として沸くか如く其退きて第宅《ていたく》に歸るに及ひ無賴の小民路上に要《まちぶせ》し礫《なげうち》を擲て之を詐罵《さば》せしと云ふ佛國人民の怨を孛漏生に懷きしこと證す可きなり然《しかれど》も余を以て之を觀るに此二國は其初め未た必すしも深く怨を

挾むに至らさりしも第十八世紀の頃より陸軍の强を稱する者は必す指を二國に屈せしより其交戰する每に隣國傍觀する者豫め其勝敗を評して喧囂《けんごう》し終に二國の民をして各々雄を爭ひ力を競ひ互に既往の敗を恥て至恨と爲して報復の念をして無窮に相繼かしむるに至れり譬へは猶ほ兩力士の場に上るか如し彼れ其初念は特に一時技を角するに過きさるも滿場の看客聲を揚けて或は東を賛し或は西を稱し又其勝負已に決するに及ひ喝采の聲天地を震撼《しんかん》し此の如きこと數次に至るに及ひ兩力士も亦必す勝を獲るを以て職分と爲して心中に相ひ嫉《にく》むに至る二國の事情正に是なり

故に曰く二國の相怨むことは一朝一夕の故に非すして紳士君の言の如く單に維廉帝の孛漏生と拿破崙帝の佛蘭西と怨を結ひたるに非さるなり

魯失亞と英吉利とに至りては洵《まこと》に紳士君の言の如き者有り蓋し英國は夙に大に意を經濟の一邊に用ひ地球上到る處殖民地有らさる莫く財貨の殷阜なること他の諸國の企及する所に非す而て其目的は專ら從來の版圖を守りて喪失せさるに在て更に益々地を拓くことは必すしも其旨とする所に非さるも獨り奈何せん彼魯失亞の猛鷙《もうし》なるや其先王の貽謀《いぼう》を堅守して變せす兵威に藉《か》り益々版圖を擴むることを求め英國の富盛を妬害《とがい》して一意に其印度の根本を覆へさんと欲して已ます是れ英國か前に拿破崙と連結してセバストポールの役有りし所以なり」

是故に佛と孛とは其意專ら兵力を競ひ武名を鬪はすに在りて地を拓くに在らす英國は地を衛り財を守ることを主として武を競ふことを好ます獨り魯失亞は古昔羅馬國に追《つい》蹤《しょう》し強兵の力に頼りて益々富國の業を建て富國の資に藉《よ》りて益々強兵の威を伸へんと欲す此れ實に歐洲戰亂の禍を造出する工廠《こうしょう》なり然り而て其敢て直に兵を印度に加へさる所以の者は何そや蓋し魯失亞の畏憚する所は英に非すして佛なり佛に非すして孛なり己れか東出の虛に乘して其後を圖ることを畏るゝなり是を以て曩《さき》に孛佛の交戰するや魯人は踊躍して相慶し直にクリメーの盟を破りて艦隊を黑海に出せり故に僕の意に以爲へらく孛佛の兵一旦歐洲の野に交はるに於ては魯軍は則ち砂塵を捲起《けんき》して東方に溢出《いっしゅつ》せん果て此の如くなる時は孛佛兵爭の禍は歐洲大陸に局するに非すして亞細亞海中の諸島も亦其餘燄《よえん》を被むるを免れすして英國艦隊の掠據《りゃくきょ》する所は獨り巨文島に止まらさるや疑無きなり之を要するに孛と佛とは歐洲に在て力を角して魯と英とは亞細亞に出てゝ雄を競ふこと此れ今日の大勢なり

嗚呼孛佛の兵は硝煙を歐洲の郊に漲《みなぎ》らし英魯の軍は塵を亞細亞の大陸に揚け瀾《なみ》を亞細亞の海洋に皷《あ》くるに方り彼萬國公法は果て戰畧に便利なる暴行を抑住するの効を生す可き乎萬國公法果て恃む可らさるに於ては小邦たる者は何に由りて自ら防守することを得る乎唯速に沈沒に垂《なんな》んたる小艇を去りて隤然《たいぜん》として動かさる大艦に移るの一策有

るのみ危殆《きたい》なる小邦を棄てゝ安穏なる大邦に赴くの一計有るのみ且つや清淺の流は以て大魚を捕ふ可らす治平の時は以て奇計を出す可らす歐亞二洲一時に妖雲を醸出するの候是れ尤も小邦たる者の禍を變して福と爲し弱を轉して強と爲すの好機會にして實に千歳の一時なり是時に於て疾雷耳を掩《おお》ふに及はさるの手段を出さすして區々として田舎の老婆か藍縷《ぼろ》を補綴《ほてつ》するか如き小計策を恃みて徒《いたずら》に國を維持するを求む僕實に其餘地有るに駭《おどろ》くなり

是時南海先生は更に杯を引きて云ひけるに紳士君の旨趣を約言すれは曰く民主平等の制度は凡百制度中最も完粹なる者にして世界萬國早晩必す此制度に循はんとす而て小弱の邦たる者は富國強兵の策は初より望む可らさるか故に速に此完粹なる制度に循ひ然後水陸軍備を撤去し諸強國萬分の一にも足らさる腕力を棄てゝ無形の理義を用ひ大に學術を興して其國をして極て精細に彫鐫《ちょうせん》したる美術の作物の如き者と爲らしめ諸強國をして愛敬して犯すに忍ひさらしめんと欲する是なり豪傑君の旨趣を約言すれは歐洲諸國方に兵爭を事として一旦破裂するときは其禍は延ひて亞細亞に及はんとす故に小弱の邦たる者は是時に於て大英斷を出し國中の丁壯を擧け甲を捲《ま》き兵を荷《にの》ふて他の一大邦を攻伐して新に博大の版圖を開く可し即ち未た此英斷を出すこと能はすして專ら内治を脩明せんと欲するも必す改革の業を妨阻する戀舊元素を除かさる可らすして

外征の計終に已む可らす是なり紳士君の論は醇乎《じゅんこ》として正なる者なり豪傑君の論は瑰然として奇なる者なり紳士君の論は醲酒《げんしゅ》なり人をして目暈《うん》し頭眩《げん》せしむ豪傑君の論は劇薬なり人をして胃裂け腸敗れしむ余老たり二君の論は余か羸萎《るいい》せる脳髄の能く咀嚼《そしゃく》消化する所に非す二君其れ各々努力し時を俟ちて之を嘗試《しょうし》せよ僕将に之を傍観せんとす

是に於て二客も亦各々一杯を擧け南海先生に嚮ふて云けるに吾儕兩人既に衷情を倒盡して遺す所無し先生必す批評して之を教ゆること有れ是れ至願なり

南海先生乃ち云けるに紳士君の論は歐洲學士か其脳髓中に醞釀《うんじょう》し其筆舌上に發揮するも未た世に顯はれさる爛燦《らんさん》たる思想的の慶雲なり豪傑君の論は古昔俊偉の士か千百年に一たひ事業に施し功名を博したるも今日に於て復た擧行す可らさる政事的の幻戲なり慶雲は將來の祥瑞《しょうずい》なり望見て之を樂む可きのみ幻戲は過去の奇觀なり回顧して之を快とす可きのみ倶に現在に益す可らさるなり紳士君の論は全國人民か同心協力するに非れは行ふ可らす豪傑君の論は天子宰相か獨斷默決するに非れは施す可らすして皆恐くは架空の言たるを免れす

且つ紳士君は力を極て進化神の靈威を唱説するも夫の神の行路は迂曲羊腸《うきょくようちょう》にして或は登り或は降り或は左し或は右し或は舟し或は車し或は往くか如くにして反り或は反る

か如くにして往き紳士君の言の如く決て吾儕人類の幾何學に定めたる直線に循ふ者に非す要するに吾儕人類にして妄に進化神を先導せんと欲するときは其禍或は測る可らさる者有り唯當に其往く所に隨ふて行歩す可きのみ

且つ所謂進化の理とは天下の事物か經過せし所の跡に就ひて名を命する所なり故に天造草昧《そうまい》の時世界の人類か交鬪互爭せしか如きも亦進化の一理なり其一君主の治下に歸せしも亦進化の一理なり其立憲の制に赴きたるも亦進化の一理なり其民主の制に入りたるも亦進化の一理なり君主や大統領や貴族や人民や白布帆の船や蒸滊機の艦や火縄の銃や施條の砲や佛や儒や耶蘇《やそ》や凡そ世界人類の經過せし所の迹は皆學士か所謂進化神の行路なり歐洲諸國或は死刑を廢せし者有り是れ自ら歐洲諸國の進化なり阿非利加種族或は人肉を食とする者有り是れ自ら阿非利加種族の進化なり夫の進化神は天下の最も多情に多愛に多嗜に多欲なる者なり紳士君、紳士君、君若し進化神は立憲若くは民主の制を愛して專擅の制を愛せすと曰ふときは是れ土耳古白爾失亞《ペルシア》には進化神は有らさる乎若し進化神は生育の仁を嗜みて殺戮の暴を嗜ますと曰ふときは是れ項羽か趙の降卒四十萬人を坑《あな》にせし時は進化神は在らさりし乎

封建の時には封建を好み郡縣の時には郡縣を好み鎖港の世には鎖港を喜ひ交易の世には交易を喜ひ麥飯を嗜み牛炙《ぎゅうしゃ》を嗜み濁醪《だくろう》を嗜み葡萄酒を嗜み大髻《おおたぶさ》を好み被髪を好み沈《しん》

石田《せきでん》の水墨を愛しランブランドの油畫を愛す吁嗟天下の最も多愛なる者は其れ進化神乎

然と雖も進化神の惡む所の者も亦一有り是れ知らさる可らす政事家は尤も知らさる可らす政事家にして進化神の惡む所を知らさるときは其禍實に勝《あげ》て計る可らさる者有り吾儕一書生の如きは或は進化神の惡む所を知らすして言爲すること有るも其禍は特に一人の身に止まるのみ進化神の惡む所を知らすして書を著はす乎唯其書の世に售られさるに止まるのみ圖謀する所有る乎唯其身の禁獄若干年若くは絞罪の刑に遇ふに止まるのみ政事家にして進化神の惡む所を知らすして施設する所有るときは幾千萬の人類實に其禍を受けん吁嗟畏る可き哉進化神の惡む所は何そや時と地とを知らすして言爲すること即ち是れのみ……僕過てり縱令ひ政事家にして時と地とを知らすして施設すること有りて幾千萬人類か禍を蒙むるも其迹に就て見るときは學士は必す曰はん是れ自ら然らさるを得さるの理有りて然りしと果て然らさるを得さるの理有りて然りしときは是れ自ら進化神の好む所なり其惡む所に非さるなり故に學士をして王安石の新法を論せしめは必す曰はん是れ固より然らさることを得すして然りしと是に知る凡そ古今既に行ふことを得たる事業は皆進化神の好む所なることを然は則ち進化神の惡む所は何そや其時と其地とに於て必す行ふことを得可らさる所を行はんと欲すること

即ち是れのみ紳士君、君の言ふ所は今の時に於て斯地に於て必す行ふことを得可き所と爲さん乎將た必す行ふことを得可らさる所と爲さん乎

紳士君は極て進化神を崇敬する者なり僕請ふ君の言ひし所に係り亦進化の理に據りて之を批せん君幸に咎むること勿れ

紳士君は平等の制度を主張し五等公爵の設を以て進化神の惡む所と爲して之を巖石に比するに至る是れ尤非なり若し進化神にして五等公爵の設を惡むに於ては何故に舊來有る所の五等公爵の外更に又新に貴族を打出する乎亞細亞の進化神は固より五等公爵の設を好む者なり故に舊貴族皆康健にして善く飲食し新貴族皆康健にして善く飲食す炎夏の候時に或は瘧疾大に流行する有りて石炭酸水を沃きて門閭《もんりよ》に湛ゆるも猶ほ傳染して十万人衆屍を駢《なら》へて火焰に葬むるに至る而て舊新貴族は並に傳染すること無くして並に康健なり編戶窮乏の民は親子夫妻車を連ねて避病院に赴き車を連ねて茶毗場《だびじよう》に赴くも舊新貴族は依然として高樓の上に居て侍姬媵妾《ようしよう》傍より巨扇を揮揚して涼風の不足を補ふて並に皆康健なり余を以て之を考ふれは亞細亞の進化神は殆と貴族を好みて平民を惡む者の如し殆と紳士君の言ふ所に反する者の如し……

南海先生是に至り遽に容を改て曰く僕の言少く諧謔に渉れり二君請ふ恕せよ

南海先生更に杯を引きて云けるに紳士君は專ら民主の制を主張するも恐くは政事の本

旨に於て未た達せさる所有るに似たり政事の本旨とは何そや國民の意響に循由し國民の智識に適當し其れをして安靖の樂を保ちて福祉の利を獲せしむる是なり若し俄に國民の意響に循はす智識に適せさる制度を用うるときは安靖の樂と福祉の利とは何に由て之を得可けん哉試に今日土耳其白耳失亞の諸國に於て民主の制を建設せんには衆民駭愕《がいがく》し喧擾《けんじょう》して其末や禍亂を撥起して國中血を流すに至ること立て待つ可きなり且つ紳士君の所謂進化の理に據りて考ふるも專制より出てゝ立憲に入り立憲より出てゝ民主に入ること是れ正に政治社會行旅の次序なり專制より出てゝ一蹴して民主に入るか如きは決て次序に非さるなり何そや人々頭腦中帝王の思想公侯の意象深く印著して其奥底に在りて隱然として其司命神の如く其護身符の如くなるに方り俄に民主の制を打開する時は衆庶頭腦爲めに眩亂せらるゝこと是れ正に性理の法則なれはなり是時に於て二三少數の人物か獨り欣然《きんぜん》として其制度の理義に合することを喜ふも衆民の惶惑《こうわく》し沸騰するを奈何せん此れ理の最明白なる者なり且つ世の所謂民權なる者は自ら二種有り英佛の民權は恢復《かいふく》的の民權なり下より進みて之を取りし者なり世又一種恩賜的の民權と稱す可き者有り上より惠みて之を與ふる者なり恢復的の民權は下より進取するか故に其分量の多寡は我れの隨意に定むる所なり恩賜的の民權は上より惠與するか故に其分量の多寡は我れの得て定むる所に非さるなり若

此一段の文章は少く自慢なり

し恩賜的の民權を得て直に變して恢復的の民權と爲さんと欲するか如きは豈事理の序ならん哉

嗚呼國王宰相たる者威力を恃みて敢て自由權を其民に還さす是れ方に禍亂の基にして英佛の民か其恢復的民權の業有りし所以なり若し然らすして君主宰相たる者時を料り勢を察し其民の意嚮に循ひ其民の智識に適することを求め自由權を惠與して其分量宜を得るに於ては官民上下の慶幸何事か之に踰ゆる有らん危難を犯し死亡を冒して千金の利を攫むは坐らにして十金を受るに如かんや且つ縱令ひ恩賜的民權の量如何に寡少なるも其本質は恢復的民權と少も異ならさるか故に吾儕人民たる者善く護持し善く珍重し道德の元氣と學術の滋液とを以て之を養ふときは時勢益々進み世運益々移るに及ひ漸次に肥腯《ひとつ》と成り長大と成りて彼の恢復的の民權と肩を並ふるに至るは正に進化の理なり紳士君、紳士君、思想は種子なり腦髓は田地なり君眞に民主思想を喜ふときは之を口に擧け之を書に筆して其種子を人々の腦髓中に蒔《う》ゆるに於ては幾百年の後芃々《ほうほう》然《ぜん》として國中に茂生するも或は知る可らさるなり今、人々の腦髓中帝王貴族の艸花《くさばな》方に根を蔓《まん》するに方り君の腦髓中獨り一粒の民主種子を萠芽して此に由り遽に豐穰なる民主の收獲を得んと欲するか如きは豈謬《あやま》らす乎

是故に人々の腦髓は過去思想の貯蓄なり社會の事業は過去思想の發出なり是故に若し

新事業を建立せんと欲するときは一たひ其思想を人々の脳髄中に入れて過去の思想と爲さる可らす何となれは事業は常に果を現在に結ふも思想は常に因を過去に取るか故なり紳士君、君一たひ史を繙きて之を誦せよ萬國の事迹は萬國の思想の効果なり思想と事業と迭《たがい》に累《かさ》なり互に聯《つら》なりて以て迂曲の線を畫すること是れ即ち萬國の歴史なり思想事業を生し事業又思想を生し是の如くにして變轉已まさること是れ即ち進化神の行路なり是故に進化神は社會の頭上に儼臨《げんりん》するに非す又社會の脚下に潜伏するに非すして人々の脳髄中に蟠踞《ばんきょ》する者なり是故に進化神は人々思想の相合して一圓體を成す者なり紳士君、君若し君一箇脳髄中の思想を崇奉し因て衆人をして認て進化神と爲して亦之を崇奉せしめんと欲する時は是れ猶ほ紙上に一點の墨跡を下して衆人をして認めて渾然たる圓畫と爲さしめんと欲するか如し此は是れ思想的の専擅なり此れ進化神の喜はさる所にして學士の戒む可き所なり

ウィクトルユゴーの集中にも未た見すロールドビロンの集中にも未た見す

時世は絹紙なり思想は丹青なり事業は繪畫なり故に一代の社會は一幅の畫《が》幀《とう》なり紳士君、君若し未た調整せさるの丹青を以て將來の畫を現在の紙に描かんと欲するか如きは直ちに狂顛に類するに非す乎君今に於て務て思想の丹青を調製して怠らさるときは百歳の後其汁液洶々然として社會の碟中《ちょうちゅう》に溢るゝに至らん是に於て現在時世の紙絹に描くに現在事業の繪を以てす

るときは過去思想の彩色は爛然として人目を奪ふて衆人観る者一稱してリュベンに駕《が》しプーサンに跨《こゆ》る美術の好作物と爲さんのみ

且二君か各々積消兩極の論を固執し一は未た生せさる新思想を望みて妄に進まんと欲し一は既に去りたる舊觀戯を顧みて妄に退かんと欲して其主趣たる冰炭《ひようたん》相容れさるか如きも僕の察する所に由れは其病源は實は一なり一とは何そや過慮なり二君皆歐洲強國か百萬の貔貅《ひきゆう》を養ひ千萬の闘艦を造りて相噬攫《ぜいかく》し又時々來りて亞細亞地方を暴掠《ぼうりやく》するを見て因て過慮して以爲へらく彼れ一日必す百千の堅艦を装ふて來り侵すことあらんと是れ其兩極の論の出る所以なり是に於て紳士君は民主の制に循ひ敵意を表するの兵備を撤し歐洲人の先を制して其鋭を避けんと欲す是に於て豪傑君は大に外征の兵を興し他邦を割取り版圖を擴廓し歐洲の擾亂に乘して巨利を収めんと欲す皆歐洲諸國の形勢に於て過慮する所有るか故なり僕を以て之を觀るに方今孛佛二國か盛に兵備を張るは其勢甚迫れるか如きも實は然らすして彼れ少く兵を張るときは或は破裂す可きも大に兵を張るか故に破裂すること有ること無し何そや二君彼の冬日童子か作る所の雪球を看すや其初め甚大ならさる間は前後左右意に隨ふて推轉するを得るも漸くにして厖然《ぼうぜん》たる大圓球を成すときは力を極て之を推すも復た動す可らす今夫の孛佛二童子は各々相競ふて唯其雪球の益々大にして他の球に勝ることを求めて已ます孛國一萬を增

すときは佛國も亦一萬を増し孛國二萬を増すときは佛國も亦二萬を増して其雪球年々益々大を成せり而て魯英は方に傍觀して此二球の相觸るゝを俟つ者なり然とも彼童子は各々其庭上殘雪の有らん限は益々其球を大にすることを求めて未た遽に門外に推出さす顧ふに其庭上雪の盡る頃は二球或は皆碎けて片屑《へんせつ》と爲らんのみ

且つ萬國講和の論は未た實行す可らすと雖も諸國交際の間道徳の旨義は漸く其區域を廣めて腕力の旨義は漸く其封境を狹むること是れ自然の勢にして紳士君の所謂進化神の行路なり故に魯失亞の如きは其威を亞細亞に宣へ便地を割有して英の印度を衝かんと欲するも未た容易に手を下すに至らす蓋し諸國皆其外交の策に至りては專ら腕力を尙ひて道徳を尙はさるか如しと雖も未た世人の想像するか如くは甚きには非さるなり假し孛佛英魯の中其一最强くして逈に他の三國の上に出るに於ては專ら腕力に任せ恣《し》睢《き》猖獗《しょうけつ》して少も萬國公法を顧みさる可きも今は然らすして四國强弱の勢大抵相當るか故に彼れ皆已むことを得すして幾分か公法を守らさるを得す是れ衆小邦の賴りて以て呑併の患を免るゝ所なり

且邦國なる者は衆意欲の集合にして君主有り百僚有り議院有り庶民有りて其機關極て錯雜なるか故に其趣向を決し其運動を起すこと復た一個人の輕便なるか如くならす縱令ひ邦國の運動をして一個人の如く輕便ならしめは强者は常に暴を恣にして弱者は常

に禍を蒙むる可きも幸に然らすして一萬數の兵を出し一百數の艦を遣はさんと欲するときは君主議し宰相議し百僚議し議院論し新聞紙論して一個人か衣を搴《かか》け梃を持し徒歩して闘に赴くか如くならす是れ正にゴルドン將軍か命を亞剌比《アラビア》の沙漠に殞《おと》せし所以なりクールベー提督か終を安南の瘴煙《しょうえん》に取りし所以なり故に歐洲諸國の兵は猶ほ虎獅の如し其議院其新聞紙は猶ほ鐵網の如し而て又諸國均勢の義有り萬國公法の約有りて隱然として其手足に膠著するか故に夫の獰惡なる虎獅は終歳口を開き舌を吐くも遽に其噬齧《ぜいけつ》を恣にすること能はさるなり僕故に曰く紳士君の民主制度や豪傑君の侵畧旨義や皆歐洲强國の形勢に於て過慮する所有るか爲めなりと

是時二客辭を合して曰く若し彼れ一日敢て悍然として來襲ふに於ては先生將に何を以て之を待たんとする乎

南海先生曰く彼れ果て他國の評を慮らす公法の議を憚らす議院の論を顧みす敢て狡焉《こうえん》として來襲ふときは我れ唯力を竭して抗禦し國人皆兵と爲り或は要勝に據りて拒守し或は不意に出て丶侵擊し進退出沒變化測られさるを爲し彼は客にして我は主なり彼は不義にして我は義なり我將士我卒徒敵愾《てきがい》の氣益々奮揚するに於ては曷《なん》そ遽に自ら防守すること能はさるの理有らん哉是は則ち武官の職に服する者自ら當に奇計妙策有る可きのみ且つ我亞細亞の兵終に歐洲の兵に當るに足らすと爲すときは紳士君の民主國や

豪傑君の新大邦や皆亦陥落する所と爲らんのみ僕も亦別に奇策有るに非さるなり獨り僕のみに非すして即ち英佛諸國か相互に攻守するも亦別に奇策有るに非さるなり之を要するに我亞細亞諸邦の兵は此を以て侵伐せんと欲するときは足らさるも此を以て防守するときは餘有りと爲す故に務て平時に於て訓錬し蒐肄《しゅうい》して以て鋭を養ふときは何そ遽に自ら守ること能はさることを憂へん哉何そ紳士君の計に從ひ手を束ねて死を俟つことを須ひん哉何そ豪傑君の畧に循ひ怨を隣國に買ことを須ひん哉

抑々豪傑君の所謂阿非利加か亞細亞の一大邦は僕固より何の邦を指すことを知ること能はす但所謂大邦若し果て亞細亞に在るときは是れ宜く相共に結て兄弟國と爲り緩急相救ふて以て各々自ら援《すく》ふ可きなり妄に干戈《かんか》を動し輕く隣敵を挑し無辜の民をして命を彈丸に殞さしむるか如きは尤も計に非さるなり若夫れ支那國の如きは其風俗習尚よりして言ふも其文物品式よりして言ふも其地勢よりして言ふも亞細亞の小邦たる者は當に之と好を敦くし交を固くし務て怨を相嫁すること無きことを求む可きなり國家益々土產を增殖し貨物を殷阜にするに及ては支那國土の博大なる人民の蕃庶なる實に我れの一大販路にして混々盡ること無き利源なり是に慮らすして一時國體を張るの念に狥《したが》ひ瑣砕の違言を名として徒に爭競を騰《あぐ》るか如きは僕尤も其非計を見るなり論者或は言ふ支那國素より怨を我に修めんと欲すること久し我れ縦令ひ禮を厚くし好を敦く

して相結ふことを求むるも他の小邦の關係よりして彼れ常に憤々の念を懷く有るか故に一朝機會の遭遇するときは彼れ或は歐洲强國と謀を協《かな》へ約を通して以て我を排擠《はいせい》し强國の餌に供して自ら利することを計るも未た知る可らすと僕を以て之を考ふるに支那國の心を設ること未た必すしも此の如きに至らす大抵國と國と怨を結ふ所以の者は實形に在らすして虛聲に在り實形を洞察するときは少も疑を置くに足らさるも虛聲を預測するときは頗る畏る可きを見る故に各國の相疑ふは各國の神經病なり青色の眼鏡を著けて物を視るときは見る所として青色ならさるは莫し僕常に外交家の眼鏡の無色透明ならさることを憫れむなり

是故に兩邦の戰端を開くは互に戰を好むか爲めにして然るに非すして正に戰を畏るゝか爲めにして然るなり我れ彼を畏るゝか故に急に兵を備ふれは彼も亦我を畏れて急に兵を備へて彼此の神經病日に熾に月に烈《はげし》くして其間又新聞紙なる者有り各國の實形と虛聲とを並擧して區別する所無く甚きは或は自家神經病の筆を振ひ一種異樣の彩色を施して之を世上に傳播する有り是に於て彼の相畏るゝ兩邦の神經は益々錯亂して以爲へらく先んすれは人を制す寧ろ我より發するに如かすと是に於て彼の兩邦戰を畏るゝの念俄に其極に至りて戰端自然に其間に開くるに至る是れ古今萬國交戰の實情なり若し其一邦神經病無きときは大抵戰に至ること無く即ち戰爭に至るも其邦の戰畧必す防

禦を主として餘裕有り義名有ることを得て文明の春秋經に於て必す貶譏《へんき》を受ること無きなり

論者又云ふ支那國博大なるも方に澆季《ぎょうき》の時に接し革命の運に際せり草澤《そうたく》中必す一英雄の起る有りて代りて主權を掌握するに非れは土崩瓦解の勢は竟に遏《とど》む可らすと顧ふに是言や支那國古來帝家の世數を推して之を今の覺羅《かくら》氏に當てたるに過きすして未た當今の勢に切當すと爲す可らす何となれは帝家の世數を以て言ふときは覺羅氏の業は或は老朽して腐壞に屬するか如きも幸にして歐洲文明の元氣西方より吹來りたるか爲めに枯槁《ここう》に垂んたる老木頓に色を改め其枝葉葱々然《そうそうぜん》として再ひ蔭凉を四表に放たんとす且方今朝堂に端拱《たんきょう》して辨髪《べんぱつ》社會の樞軸を執る者皆賢俊の才にして特に意を海陸軍備に留め其貴富の資に藉りて一時に歐洲文明の効果を購求し船艦日に張り堡壘月に起り兵制も亦將に一變して歐洲强國の法に傚《なら》はんとす此れ豈遽に侮り易らん哉之を要するに外交の良策は世界孰れの國を論せす與に和好を敦くし萬已むことを得さるに及ては防禦の戰畧を守り懸軍出征の勞費を避けて務て民の爲めに肩を紓ふること是なり我れ若し徒に外交の神經病を起すこと無きときは支那國も亦豈我を敵視せん哉

南海先生胡麻化せり

洋學紳士曰く先生の論は比喩に富み形容に專らにして極て喜ふ可きも本旨の在る所は竟に茫洋として影を捉ふるか如きを免れす先生願くは高旨の要

を摘みて之を示めせ

豪傑の客曰く先生の論は吾儕両人の言に於て一も採用せらるゝこと無し請ふ邦家將來の經綸に於て先生の所見を述へて之を教へよ

南海先生乃ち曰く亦唯立憲の制を設け上は皇上の尊榮を張り下は萬民の福祉を増し上下両議院を置き上院議士は貴族を以て之に充てゝ世々相承けしめ下院議士は選擧法を用ひて之を取る是のみ若夫れ詳細の規條は歐米諸國現行の憲法に就て其採る可きを取らんのみ是は則ち一時談論の遽に言ひ盡す所に非さるなり外交の旨趣に至りては務て好和を主とし國體を毀損するに至らさるよりは決て威を張り武を宣ふることを爲すこと無く言論出版諸種の規條は漸次に之を寛《ゆるやか》にし教育の務工商の業は漸次に之を張る等なり

二客是言を聞くや笑ふて曰く吾儕素より先生の持論の奇なることを聞けり若し單に此の如くなるときは殊に奇ならすして今日に在て兒童走卒も之を知れるのみ

南海先生容《かたち》を改めて曰く平時閑話の題目に在ては或は奇を闘はし怪を競ふて一時の笑柄と爲すも固より妨無きも邦家百年の大計を論するに至ては豈專ら奇を標し新を掲けて以て快と爲すことを得んや但僕の頑放にして時事に通知せさるよりして言ふ所多くは切實なること能はすして恐くは二君の求に應するに足らさるのみ

是に於て三人又相共に觴を傳へ洋火酒既に盡きて麥酒一二瓶を取來り各々渴を醫《いや》し更に宴語すること霎時《しょうじ》にして隣鷄忽ち曉を報せり二客驚ひて曰く請ふ辭せん

南海先生笑ふて曰く公等未た省せさる乎公等の辱臨せらるゝより鷄聲曉を報すること既に兩回なり公等歸りて家に至れは已に兩三年を經過したるを見ん此れ自ら余か家の暦法なり二客も亦噱然《きゃくぜん》として大笑し遂に辭して去れり後十許日にして經綸問答の書成れり

二客竟に復た來らす或は云ふ洋學紳士は去りて北米に游ひ豪傑の客は上海に游へりと而て南海先生は依然として唯酒を飲むのみ

三醉人經綸問答終

解説

先崎彰容

Ⅰ　中江兆民入門

明治二〇年刊行の『三酔人経綸問答《さんすいじんけいりんもんどう》』は、中江兆民《なかえちょうみん》の主著である。

例えば同時代の福澤諭吉《ふくざわゆきち》には、『学問のすすめ』（明治五年）と『文明論之概略』（明治八年）という著作がある。前者は当時、新たに発見された「国民」の一翼を担う、一般庶民をつよく意識して書かれた啓蒙《けいもう》書であり、後者は維新以前からの知識人、特に五〇歳以上の儒学者に、西洋文明の重要性を訴えるために書かれた学術書の趣をもつ。一五〇年近く経った現在でも、福澤の言葉に触れたいと思う読者は、まずは『学問のすすめ』を紐解《ひもと》き、入門するであろう。兆民の『三酔人経綸問答』もまた、おなじ役割を期待されて手に取られる読者が多いと思う。「東洋のルソー」中江兆民とは何者なのか。どんな思想と人生を紡いだ人物だったのか。兆民の言葉の息吹に触れるために、入門書として読まれることが多いと思われる。

しかし福澤の文体と比べてみると、兆民の文章は圧倒的に難しい。理由は簡単で、和文を交えつつも今日、私たちに馴染《なじ》みのうすい漢文を基本文体としているからである。要するに、漢語の語彙《ごい》に溢《あふ》れた文章で書かれている。タイトルだけみれば、三人の酔っぱらいによる政治談議という形式で、入門書に十分に価する魅力と近づきやすさをもっている。だが、実際の文章は想像以上に難解で、しかも内容も重厚なのである。福澤諭吉が硬軟二冊にわけて描こうとした主張を、兆民は一冊の本によって達成しようとしているのである。

だから本解説は、中江兆民に「入門」を希望する読者を想定し、まずは兆民の生涯と時代背景をおさえることから始めよう。兆民の「人となり」がわからないと、この著作の面白さが見えてこないし、また兆民の生きた時代がわからないと、著作にでてくる緊迫した国際情勢が理解できないからである。一冊の古典を味読するための準備運動から、まずは始めようというわけである。

青年時代の兆民を特徴づけるのは、土佐《とさ》という土地に生まれたこと、岩倉《いわくら》使節団に随行しフランス留学をしたこと、以上の二点にあるだろう。中江兆民は弘化《こうか》四年（一八四七）、土佐の高知《こうち》城下の生まれである。福澤とおなじく幼年時代に父親を失っている。藩校文武館《ぶんぶかん》で朱子学《しゅしがく》を学び、『荘子《そうし》』や『史記《しき》』を読むなど、漢学の基礎的教養を身につけるが、後の漢文体の文章とは直接の関係はない。

兆民の成長は、ペリー来航以後の土佐藩の激動期と重なっている。藩主の山内容堂《やまのうちようどう》(豊信《とよしげ》)は、ペリー来航の際には幕府の諮問に応じて意見書を提出するほどの人物であり、その右腕には吉田《よしだ》東洋《とうよう》(元吉《もときち》)がいた。東洋が起草した意見書によれば、アメリカの開国要求は拒絶すべきであり、日本はすみやかにオランダの技術を習得し、西洋式の軍艦と大砲を備え、海防を強化すべきだとされた。以降、容堂は薩摩《さつま》の島津《しまづ》斉《なり》彬《あきら》や越前《えちぜん》の松平春嶽《まつだいらしゅんがく》とともに、将軍継嗣問題や日米修好通商条約調印をめぐる問題に介入し、大老井伊直弼《いいなおすけ》との対立を深めてゆく。世にいう「安政《あんせい》の大獄」の際には、水《み》戸《と》の徳川斉昭《とくがわなりあき》、さらには橋本左内《はしもとさない》・吉田松陰《よしだしょういん》などとともに、山内容堂もまた謹慎処分を受けている。大獄の嵐から逃走中の勤王僧月照《げっしょう》をともない、鹿児島の錦江《きんこう》湾に追いつめられ、入水《じゅすい》自殺を図ったのは西郷隆盛《さいごうたかもり》である(この時は月照だけ死に、西郷は生き延びた。その後、西郷は板垣退助《いたがきたいすけ》らとともに征韓論《せいかんろん》で下野し、明治一〇年の西南《せいなん》戦争で敗死する)。

当時の土佐藩内を見てみると、容堂と吉田東洋は公武合体派であり、それに対抗する保守派と、一方で過激な勤王派である武市《たけち》半平太《はんぺいた》らの三派に分裂していた。特に勤王派は、安政七年(一八六〇)の桜田門外《さくらだもんがい》の変以降、土佐勤王党を結成し、反幕府の急先鋒《きゅうせんぽう》となっていく。文久《ぶんきゅう》二年(一八六二)には吉田東洋を暗殺することになるが、その東洋最後の仕事が、藩校文武館の開設であり、ここで一六歳の兆民は、東洋の甥《おい》である後藤象二郎《ごとうしょうじろう》と、生涯を決する出会いをすることになる。

勤王派には、武市のほかに坂本龍馬《さかもとりょうま》も所属していたが、このときすでに龍馬は土佐藩を脱藩し、勤王派からも一定の距離をとっていたらしい。同様に、龍馬や後藤象二郎から影響を受け、強烈な尊王攘夷《じょうい》の思考をもちながらも、容堂への忠誠を保持し、過激派にならなかった人物に谷干城《たにたてき》がいる。谷は後に西南戦争で西郷隆盛と熊本《くまもと》城で対峙《たいじ》する人物であり、自由民権運動が条約改正反対運動に進んでいくと、新政府内部の人間であるにもかかわらず条約改正に反対、農商務大臣の職を辞して、勝海舟《かつかいしゅう》らと気脈をつうじることになる。

当時の土佐過激派について、歴史学者の飛鳥井雅道《あすかいまさみち》は、「前藩主・豊信（号・容堂）は、依然として公武合体を信じ、吉田東洋を信頼していたから、政策の変更を認めようとはせず、巻き返しをはかっていた。勤王党は若年の藩主の上洛を機に、京都で反幕府活動を暴走させ、親幕府派へのテロリズムとして『天誅』行動にでたり、……足下の土佐藩内では、きわめて不安定な地盤しか得ていなかった。勤王党参加者の一人・坂本龍馬が東洋暗殺の直前、友人とともに脱藩し、しばらく土佐藩内の対立から身を引いたのも、龍馬が東洋暗殺といった勤王党の方針に疑問を持ち、その効果に否定的だったからだと私は推定する」と述べている（以上、『中江兆民』）。

天誅《てんちゅう》も辞さない勤王派は、混沌《こんとん》とする世相を背景に、一種のテロリスト集団と化しており、広い支持基盤を得られていなかった。新しい時代像をどう描くのか。おなじ勤王派の内部にもさまざまな立場が存在し、軋轢《あつれき》と葛藤《かっとう》を生みだしていた。こうした空気の中で、兆民は藩校生活を四年にわたり過ごしていたことになる。

京都を舞台に文久三年（一八六三）、八月一八日の政変がおこり、尊王攘夷派が一掃されると、武市半平太は投獄され、山内容堂や後藤象二郎などの公武合体派が影響力を回復する。最終的に、武市が切腹し勤王派が一掃されるのは、慶應《けいおう》元年（一八六五）閏《うるう》五月のことであった。

この年の九月、兆民は藩からの命により、長崎への公費留学に旅立つ。政治活動に逸《はや》ることなく、学問の道を選択したことになる。一九歳での旅立ちは、現在でいえば大学受験に成功し上京する有様を髣髴《ほうふつ》とさせるだろう。そのはるか先には、フランスの地が控えていた。

長崎は、当時の世界情勢の波に洗われていた。遥《はる》か遠くヨーロッパでは、ナポレオン三世のフランスとプロイセンの対立が表面化しており、またイギリスの覇権拡大が各国に警戒されていた。極東アジアにこの対立と牽制《けんせい》が持ち込まれ、フランスは幕府を、イギリスは薩長《さっちょう》すなわち反幕府側を支援することになる。この地で平井義十郎《ひらいぎじゅうろう》からフランス語の手ほどきを受けていた兆民であるが、一番のエピソードは坂本龍馬の知遇を得たことであろう。龍馬と兆民のやり取りを髣髴とさせる、次の文章が遺《のこ》されている。文中「先生」とあるのが、中江兆民のことである。

当時長崎の地は、独り西欧文明の中心として、書生の留学する者多きのみならず、故坂本龍馬君等の組織する所の海援隊、亦運動の根拠を此地に置き、土佐藩士の来往極めて頻繁なりき。先生曾て坂本君の状を述べて曰く、豪傑は自ら人をして崇拝の念を生ぜしむ、予は当時少年なりしも、彼を見て何となくエラキ人なりと信ぜるが故に、平生人に屈せざるの予も、彼が純然たる土佐訛りの言語もて、「中江のニイさん煙艸を買ふて来てオーセ」、などと命ぜらるれば、快然として使ひせしこと屢々なりき。　（「兆民先生」）

この文章が世にでたのは、明治三五年のことである。兆民を先生と慕う書き手の名は、幸徳秋水《こうとくしゅうすい》。『廿世紀之怪物帝国主義』『社会主義神髄』を書くことになる、あの幸徳秋水である。実は秋水は、中江兆民の自宅に寄宿し学恩を受けつづけた書生であった。

慶應三年(一八六七)六月、福澤諭吉から遅れること一〇年あまり、兆民は江戸《えど》の土を踏む。福澤が江戸にでて蘭学《らんがく》から英語へとすばやく切り替えたのにたいし、兆民はフランス語を学びつづけた。また福澤が万延元年に咸臨丸《かんりんまる》でアメリカを目指すチャンスを江戸で得たように、兆民は大久保利通《おおくぼとしみち》、後藤象二郎、板垣退助らの援助をうけて、フランスに司法省出仕の身分で留学を許された。明治四年(一八七一)一一月の、世に名高い岩倉使節団の一員に、二五歳の中江兆民の顔を見いだすことができる。この間、時代は瞬く間に倒幕から明治新政府樹立へと動いており、土佐藩内では公武合体派の山内容堂らの動きは鈍り、板垣退助とそれに追随した後藤象二郎らが台頭してきた。

注目すべき事実は、兆民留学当時のフランスの情勢である。一八七〇年、普仏《ふふつ》戦争でプロイセンに二カ月足らずで敗北したナポレオン三世当時のフランスは、第三共和政へと移行し、さらに翌年三月には、パリ・コミューンの成立となる。これもまた二カ月足らずで瓦解《がかい》するのだが、例えばマルクスは、当時のフランスについて、「コミュンは本質的に労働者階級の政府であり、占有階級に対する生産階級の闘争の所産であり、労働の経済的解放が達成されうる、ついに発見された政治形態であった」と肯定的な評価をすることになる（以上、土方和雄『中江兆民』）。ヨーロッパは、資本主義とナショナリズムが生みだす課題に直面し、激動期をむかえていた。日本はこの世界的な動向に呑《の》み込まれ開国を促され、多くの留学生を送り込んだ。留学中の兆民はリヨンに滞在し、小学生に交じってフランス語の学習に励んだこともあったらしい。西園寺《さいおんじ》公望《きんもち》やイギリス滞在中の馬場《ばば》辰猪《たつい》と親交を深め、三年にわたる留学生活を終えて帰国したのは、明治七年（一八七四）六月のことであった。

帰国直後、兆民は現実社会と思索の二つの面で活発な行動を開始する。まず兆民は「策論」を執筆し、勝海舟を介して薩摩藩主島津《しまづ》久光《ひさみつ》に献呈した。前年の明治六年に「征韓論」があったことを思いだしてほしい。西郷隆盛や板垣退助が中央政府から下野していた。これをうけて七年一月には、板垣退助と後藤象二郎にくわえ江藤《えとう》新平《しんぺい》や副島《そえじま》種臣《たねおみ》らを中心に、「民撰議院設立建白書」が提出されたことは、高校の教科書でも習う史実であろう。

フランス帰りの兆民が「策論」で強調したのは、西郷隆盛を担ぎだし明治新政府を打倒することであった。明治維新に詳しい人ならだれでも知るように、島津久光はきわめつきの保守主義者であり、西郷との折り合いが悪かった。その島津に「東洋のルソー」中江兆民が自説を説き、明治新政府の改革を訴えていたのである。

献呈された文書を読んだ島津久光が、これは面白い案だが現実に実行するのは難しいというと、兆民は勝海舟が西郷隆盛を説得すれば実現可能だとうそぶいたという。ある日、あまりに海舟を賛美する兆民にたいし、秋水が疑問をぶつけた。それほどまでに稀有《けう》な人物ならば、自分から地位を獲得し政治を行うべきなのに、他人から抜擢《ばってき》されないのを嘆いているのはいかがなものか、と。兆民は反論していった、古来、何人もの英雄豪傑が実力を発揮できないまま埋もれていった。海舟先生もまた西郷の復活を切にねがい、西南戦争で復活することを待っていた。だから当時はとても不機嫌だったものだ……(以上、幸徳秋水『兆民先生　兆民先生行状記』による)。

＊

ここまで兆民を描くために、幕末維新期の土佐藩の描写からはじめてきたのも、坂本龍馬、後藤象二郎、谷干城、西郷隆盛、勝海舟、そして幸徳秋水などの、幕末から明治期を一望のもとにできる人脈を活写したかったからである。明治維新期の英雄たちの渦中に、兆民が生き生きと呼吸していた事実を、知ってほしかった。

と同時に、フランス学者として兆民は同時期、思索をかたちにしつつあった。最初の『社会契約論』の翻訳を試みていたからである。後に『民約訳解』として知られる翻訳に先立ち、より小規模な作品ながら、兆民はこの時点で「民約論」として『社会契約論』の翻訳を行っていた。この翻訳が持つ意味は、どうやら兆民が、この書にでてくる重要概念「立法者」の役割を自分自身が務めるべきだと自負し、立法者に必要とされる補佐役を、西郷隆盛に期待していたらしいという事実にある。

この年から「明治一四年政変」の直前、新聞発行を決断するまでの期間、兆民は糊口《こ》《こう》をしのぐために仏学塾《ふつがくじゅく》を開設するとともに、東京外国語学校校長を引き受け、さらには立憲政体と国権案準備のための元老院に職を得たりなどしている。校長職は二ヵ月半ほどしか続かなかったが、その理由として、兆民の漢学重視が新政府の意向と衝突したからだともいわれている。

実際、兆民自身が明治一一年ころから漢学を学びなおし、岡松甕谷《おかまつおうこく》から教授を受けていた。洋学一辺倒の新政府にたいし、兆民が激しく反発したことから、解任されたというのである。ことの真偽はともかく、「東洋のルソー」兆民がきわめて漢学を重視した理由は、後に見ることになるだろう。

それはともかく、時代は新政府の動向を中心に急速に展開していった。神風連《しんぷうれん》の乱や萩《はぎ》の乱を経て、明治一〇年の西南戦争で西郷が敗死すると、不平士族による武装反乱は終焉《しゅうえん》をむかえる。いわゆる自由民権運動の登場である。

自由民権運動の一大拠点となった土佐を訪れた者には、福島出身の河野広中《こうのひろなか》や福岡の頭山満らがいた。とりわけ自由民権運動に、頭山満の名前があることは注目に値する。なぜなら一般に頭山は、後の大アジア主義の中心人物であり、右翼を自任する人物だからである。前原一誠《まえはらいっせい》の萩の乱に関連し捕縛された頭山は、西南戦争開戦を獄中で聞き、死を免れている。だが出獄直後、大久保利通暗殺の報を聞いて、すべてを投げ出して板垣退助のもとに駆けつけた。江藤新平や前原一誠、そして西郷までも失った反政府側としては、残されているのは板垣退助だけだったからである。板垣は蹶起《けっき》を自重し、また頭山にも諭したうえで、民権運動の必要性を説いた。そして頭山は明治一四年に玄洋社《げんようしゃ》を設立したのである。

玄洋社とその前身の筑前共愛会《ちくぜんきょうあいかい》の特徴は、国会開設の要求とともに、不平等条約改正をつよく求めたことである。つまり、民権は国権と結びつき、自由民権運動の特徴となっていたというわけだ。とりわけ玄洋社は国権意識がつよく、明治一七年には平《ひら》岡浩太郎《おかこうたろう》が上海《シャンハイ》にわたり「東洋学館《とうようがっかん》」を設立しアジアへ飛躍する人材を育成しようとした。また朝鮮《ちょうせん》半島の近代化を、日本を後ろ盾に進める金玉均《きんぎょくきん》らの朝鮮独立党にたいし、明治新政府が冷遇したのとは対照的に、玄洋社は一貫して支援しつづけた。釜山《プサン》に外国語学校「善隣館《ぜんりんかん》」をつくり政治運動の拠点とした。

そして東洋学館と善隣館それぞれの設立に、中江兆民が深くかかわっていたのである。つまり「東洋のルソー」中江兆民は、対外交問題から見た場合、あきらかに国権派に属していて、頭山と兆民は肝胆相照《かんたんあいて》らす仲だったのである。

実際に両者の親交を物語る、次のようなエピソードがある。兆民の晩年、喉頭癌《こうとう》で余命いくばくもない折、頭山が兆民の病床を見舞うと、夫人が、兆民が何度もあなたに会いたがって、黒板に名前を書いていると告げた。病室に入ると兆民は涙を浮かべて喜び、伊藤博文《いとうひろぶみ》と山県有朋《やまがたありとも》を激しく糾弾する文字を黒板に書きつけ、頭山はそれに応じたというのだ。兆民の思想と行動は、頭山満という人物をつうじて、昭和《しょうわ》期の大アジア主義にまで、その影を伸ばしていたといえそうである。

今日から見て、「東洋のルソー」中江兆民と、大アジア主義の頭山満が親しかったこと、しかも自由民権運動をつうじて交流を深めた事実は、意外の感を与えるはずだ。

しかしこの疑問を解くためには、明治新政府に反旗を翻し、物申すだけの気力、すなわち当時の言葉で「元気」を持つことこそが、日本を対外的に自立させ、活力ある国家の原動力となるのだ、という当時の論理を知る必要がある。つまり自由民権は、イコール国権（ナショナリズム）なのである。

この点にかんして、日本政治思想史が専門の坂本多加雄《さかもとたかお》は、「戦後しばしば、国権と民権の『対立』とか『相克』といったテーマで、民権運動の思想ないし運動の問題点が論じられた。そこには、民主主義と平和主義の結合を当然とする戦後の思想が投影されているが、初期の民権運動の当事者である士族の内面に即して言えば、国権と民権とはまさしく相即の関係にあったのであり、しかも、それは、形を変えて、その後の民権運動全般にも受けつがれていったのである」と述べている（以上、『日本の近代2　明治国家の建設』）。

要するに、坂本は、戦後では民主主義といえば国家を否定し、世界平和を肯定する民主主義＝平和主義の等式が常識だが、明治期の自由民権運動の場合、民権の要求は国権拡張と結びついていたことに注意せよ、と説いているのである。当時は民権＝国権だったのであり、戦後の国家批判の文脈を、明治期にあてはめて研究することを戒めているのである。

ところで、兆民が本格的な言論活動をはじめたのは、明治一四年三月のことである。留学時代からの盟友西園寺公望を社長に、主筆を兆民が担当し、『東洋自由新聞《とうようじゆうしんぶん》』が創刊された。西園寺の帰国直後の最初の仕事が、反政府系新聞の社長就任だったことは明治新政府、なかでも岩倉具視《ともみ》の逆鱗《げきりん》に触れた。早々に西園寺は辞任のやむなきに至ったものの、兆民は自由党の結成にも参加し、自由民権運動はこの年、本格的な盛り上がりを見せ、一つの頂点をむかえることになる。

きっかけは、北海道開拓使官有物払い下げ事件であった。そもそも新政府の内部およびその周辺には、伊藤博文、井上馨《いのうえかおる》、大隈重信《おおくましげのぶ》、岩倉具視のほかに、板垣退助、後藤象二郎、福澤諭吉らが存在した。一般的にこの事件は、官有物の不当な払い下げをめぐって、ドイツ型の欽定《きんてい》憲法を目指す伊藤博文らの勢力が、より急進的なイギリスモデルの採用を目指した大隈重信、福澤諭吉らの勢力を追放した事件として知られる。開拓使の廃止にともない、官有物を無利子三〇年賦、しかも三八万円という安価で五代友厚《ごだいともあつ》系の会社に払い下げるというものであった。これが北海道貿易に従事する慶應出身者中心の三菱の利益と対立したことから、福澤諭吉をふくむ慶應出身の交詢社《こうじゅんしゃ》系が、大隈重信と結託し、反政府のキャンペーンを大々的に行ったと思われたのである。最終的に御前会議での大隈参議罷免と官有物払い下げの中止、さらに国会開設の勅諭が出されることとなった。この「明治一四年政変」をきっかけに、板垣退助を総理として自由党が結成されるわけだ。またひきつづき、大隈重信を中心に明治一五年四月、立憲改進党が結党されることになったのである。

これ以降、兆民が亡くなる明治三四年（一九〇一）にかけて、政局は激変につぐ激変をみるが、基本的に兆民の立場は反政府の野党、民権派の結集を呼びかける人生であったといってよい。明治一五年以降、民権派は勢力争いから分裂をくり返し、次第に過激化し、自滅衰退していく。明治一七年の群馬《ぐんま》事件、加波山《かばさん》事件、秩父《ちちぶ》事件は自由党を解党に追い込んだし、翌年一一月には、甲申《こうしん》事変に影響を受けた旧自由党員の大井憲太郎《おおいけんたろう》らが、金玉均を支援するための暴力的テロ未遂事件、すなわち大阪《おおさか》事件を引き起こすまでになっていた。自由民権運動は激化の一途をたどり、空中分解の様相を呈する。

明治一九年(一八八六)一〇月、兆民は星亨《ほしとおる》や後藤象二郎らとともに運動再建のために立ち上がった。「大同団結運動」の始まりである。すでに新政府から国会開設の約束を取り付けていた民権派にとって、関心は外交問題へと移っていた。そして外交問題においても激化は避けることができず、最終的にはテロリズムに帰結することになる。

事態の推移は次のようなものだ。井上馨外相による条約改正案をどのように評価するのかをめぐって、鋭い対決が政府と民権側で表面化していた。外国人の自由な居住の承認、すなわち内地雑居と、外国人裁判官の任用、さらに重要法典に関する外国人の承認などを提案し、改正会議に臨んでいた。後の大隈外相時には、大審院に外国人判事を任用できることが問題とされた。大日本帝国憲法第一九条にある、日本臣民は文武官に任命され得るという規定に、抵触する可能性があったからである。この問題をめぐっては、井上毅《いのうえこわし》、寺島宗則《てらしまむねのり》、福澤諭吉、勝海舟らが反対の論陣を張ることになる（以上、小林和幸『谷干城』）。

とりわけ国民を刺激したのは「ノルマントン号事件」であった。一八八六年一〇月にイギリス商船ノルマントン号が和歌山県熊野灘《くまのなだ》で沈没した際、英国人はボートで脱出したにもかかわらず、日本人乗客全員が水死した事件を起こした。領事による海難審判で船長や船員が救助に尽力したと判断され、いったんは無罪となると、ここに不平等条約のもつ限界があからさまになった。井上外相による妥協的内容の条約改正案にたいし、反政府側からだけではなく、閣内からも農商務大臣の谷干城が辞任するなど一大問題へと発展し、「三大事件建白運動」が行われた。これは元老院への要求であり、片岡健吉《かたおかけんきち》らが、言論集会の自由と地租の軽減、そして井上馨による軟弱外交、すなわち条約改正反対の旗幟《きし》を鮮明にしたのである。ここでもまた、先に坂本多加雄が指摘したように、民権運動は国権拡張とイコールだったわけである。

先にふれた頭山満率いる玄洋社は、さらに過激な行動にでる。伊藤内閣の井上外相時代から、黒田《くろだ》清隆《きよたか》内閣の大隈重信外相時代にいたるまで、一貫して条約改正に反対の立場をとり、ついに明治二二年一〇月一八日、来島恒喜《くるしまつねき》を刺客として、霞《かすみ》が関《せき》の外務省前を走ってきた大隈の馬車にむかって爆弾テロを敢行したのである。大隈は重傷を負い、来島はその場で自刃した。条約改正はこうしてストップに追い込まれた。兆民は大隈の改正案に反対しつつも、大隈を見舞ったという。爆弾テロを決行した頭山と、被弾した大隈双方に同情の念を抱く兆民の姿が、そこにはあった。

＊＊

明治二三年、帝国憲法発布を見届けた兆民は、大阪四区から衆議院議員選挙に立候補し当選した。四四歳になっていた。以後、晩年にいたるまでの一〇年余りの人生のうち、特筆すべきなのは兆民の対ロシア外交観である。日清《にっしん》戦争後、ロシア、ドイツ、フランスによる三国干渉で、日本は遼東《りょうとう》半島の返還を余儀なくされたが、ロシアは旅《りょ》順《じゅん》と大連《だいれん》を、ドイツは青島《チンタオ》をそれぞれ獲得し、日本国民は臥薪嘗胆《がしんしょうたん》で反ロシア一色になる。

伊藤博文や陸奥宗光《むつむねみつ》を恐露病と糾弾する世論が高まるなかで、兆民もまた対ロシア硬派の論陣を張ることになった。近衛篤麿《このえあつまろ》、頭山満、鳥尾小弥太《とりおこやた》、陸羯南《くがかつなん》らによって組織された「国民同盟会」に参加した兆民にたいし、非戦論の社会主義者としての立場から、幸徳秋水は「兆民先生」で次のように問い質《ただ》している。

先生の国民同盟会に入れるは、其志実に伊藤博文の率ゆる所の政友会を打破して、我政界の一大革新を成すに在りき。予当時問ふて曰く、国民同盟会は蓋し露国を討伐するを目的となす者、所謂帝国主義の団体也。先生の之に与《くみ》する、自由平等の大義に戻る所なき乎と。先生笑って曰く、露国と戦はんと欲す、勝てば即ち大陸に雄張して、以て東洋の平和を支持すべし、敗るれば即ち朝野困迫して国民初めて其迷夢より醒む可し。能く此機に乗ぜば、以て藩閥を勦滅《そうめつ》し内政を革新することを得ん、亦可ならずやと。（「兆民先生」）

国民同盟会による対外進出は、二つの可能性を秘めていると兆民は考えている。もしロシアを打ち破ることができれば、大陸進出の足掛かりを得ることができる。それは帝国主義ではなく、東洋の平和を維持するためだと兆民は評価している。またもし、ロシアに敗北することになれば、日本の内政を改革することができる。伊藤博文と明記されていることから分かるように、国内では鹿鳴館《ろくめいかん》に象徴される欧化主義、対外交ではロシア非戦論を掲げる明治新政府の方針に、兆民は晩年にいたるまで批判的だったわけである。

もちろん現在の地点から見ると、兆民が東洋の平和維持のために大陸進出を容認した事実は、帝国主義のように見える。ただここには、兆民なりの独自の論理があったことを見逃してはならない。例えば、明治三四年に秋水が『廿世紀之怪物帝国主義』を発表し兆民に謹呈した際、兆民は、そもそも武力とは何かという問題を提起し反論を試みている。兆民は武力を「黷武《とくぶ》」と「止戈《しか》」の二つに区別すべきだと説き、秋水の欧米帝国主義批判が皮相かつ一面的であることを突いた。

頭山満の弟子筋にあたる葦津《あしづ》珍彦《うずひこ》は、兆民の反論を次のようにまとめている——「かれは武をもって、二つに分けている。その一つは止戈の目的をもってする武である。それは、戈を止める、平和を保障するの意であって、漢字の武という文字は、この戈《い》と止《い》とを合したものという。平和保障のための武が真の武であり、正義の武である、周の武王の武であるとする。これに反して平和保障の目的のない不正の武を黷武とする。秋水が、ヨーロッパ帝国主義の黷武を非難しているのは当然だが、アジアには黷武の武でなく周武から曾国藩にいたるまでの真の武がある。この真の武がアジア大陸に雄張して、はじめて世界平和ができるというのである……兆民はここで秋水の『一般平和論』が、黷武を非難するのみで、真武の一側面を見ないことに注意をうながし、同意しがたいことを暗示したのである」(以上、「明治思想史における右翼と左翼の源流」、傍点葦津)。

兆民がここで秋水の平和論を「一般平和論」として批判していることが重要である。

非戦論の立場に立つ限り、あらゆる戦争は「普遍的」に、つまりいかなる武力も許容されない。だが例えば、警察権力は武器の携帯が許され、法に基づく使用が認められていることを思い出してみよう。社会秩序の維持と平和は、ある種の暴力に支えられて成り立っている。普遍的＝一般的平和論からは、この発想が出てこないわけである。外交の場面で、警察権力による秩序維持を示すのが「止戈」による「真武」だと言えるだろう。

明治以降、戦前の歴史がこのうち「黷武」と「真武」のいずれの方針のもとに大陸進出したのか、帝国主義とアジア開放のいずれを目指した活動だったのかは、思想史研究の一大争点になっていく。読者の多くにとって「自由民権」や「東洋のルソー」はもちろん、中江兆民にたいするイメージも、従来とは大きく違ってきたのではなかろうか。戦後の民主主義観に基づく、一面的な理解を拒む思想家、容易には汲《く》み尽くしえない豊饒《ほうじょう》な思想の源流こそ、中江兆民なのである。

以上、中江兆民が生きた時代背景と彼の思想に「入門」できたと信じる。読者はここで、さっそく『三酔人経綸問答』の現代語訳に挑戦してみるのもよいと思う。より詳細なテキスト読解を知ってから、本文に入りたいと考える読者は、このまま先崎の「解説」に耳を傾けてもらうことにしよう。最新の研究も参照しつつ、以下では多少、入門の域を超えた話になることを、あらかじめ許していただければと思う。

Ⅱ　洋学紳士の理想主義

明治二〇年五月刊行の『三酔人経綸問答』は、政治的実践もいとわなかった兆民が、それに先立ち世に問うた政治理論の書である。四一歳だった兆民は壮年といってよく、自身の学問のすべてを注ぎ込んで、「政治とは何か」という根本問題に取り組んだ。問答形式とはいいながら、実際の構成は三人の酔っぱらい、すなわち洋学紳士と豪傑の客、そして南海《なんかい》先生が順番に自身の政治思想を披瀝《ひれき》するかたちをとっている。酒の勢いを借りて自説を滔々《とうとう》と述べ立てる洋学紳士と豪傑の客にたいし、南海先生はしずかに耳を傾け、最終的に総まとめをする立場にたつ。われわれも、まずは洋学紳士の御説を拝聴することから始めよう。

洋学紳士は、全身を洋装で固め、眉目《びもく》秀麗、弁舌さわやかな男である。彼はまず何よりも民主制度を愛していると宣言し、なぜ文明の進んだヨーロッパ諸国にすら民主制度を採用しない国があるのかと嘆く。彼から見た場合、当時の日本はアジアの片隅にある弱小国にすぎない。しかしだからこそ、武力で到底太刀打ちできない弱小国は、進んで民主制度を採用すべきだと主張するのである。洋学紳士は、もちろん現状が武力衝突の世界であることを知っている。にもかかわらず、弱小国日本に、あえて民主制度の理想を目指すべきだと進言しているのである。

背景には、洋学紳士に特有の政治思想がある。「およそ政治家をもって自任する者は、みな政治的進化の神を崇拝する僧侶《そうりょ》といえるでしょう。もしそうなら、単に目の前に関心を集中するだけでなく、将来に心を向けねばなりません。」（一五—一六頁）。「政治的進化の神」と「僧侶」とは何かについて、洋学紳士がここで具体的に念頭においているのは、清教徒《せいきょうと》革命とフランス革命である。

例えば、イギリスのチャールズ一世が宗教のあり方をめぐって、国教主義を強化しピューリタンを迫害し、さらには重税を課した。この対応を議会は猛烈に批判し、権利の請願を提出、国民の基本的人権の尊重を訴えた。しかしチャールズ一世の圧政はつづき、実に一一年ものあいだ、議会の開催さえ拒んだのである。こうした情勢のなかで、スコットランドの教会をイギリス国教会に変えることを命じたチャールズ一世の判断は、ついにスコットランド軍の反旗をうながした。王への反発は議会の側からも噴出し、一六四二年に起きたのが普通、「清教徒革命」と呼ばれる内乱である。

洋学紳士が、より厳しい評価を下したのがフランス革命当時のルイ一六世である。

一七七四年ルイ一六世が王位についたとき、フランスは国家財政の再建を求められていた。特権身分にまで課税対象を広げようとする王にたいし、僧侶や貴族らは激しく反発し、フランス革命の序曲が始まったのである。経済不振にくわえ穀物価格の上昇は農村一揆《いっき》と都市部の失業者による暴動を引き起こした。フランス国内は騒然とし革命前夜の雰囲気を醸していた。貴族層ではなく、第三身分と呼ばれる人びとは、ミラボーを中心に国民議会をひらくことを要求し、王はそれを認めつつも弾圧を弱めることはなかった。こうして世界史の教科書でもお馴染みのバスティーユ監獄の襲撃と人権宣言が登場し、フランス革命は最高潮に達したのだ。

洋学紳士にとって、チャールズ一世やルイ一六世は「政治的進化の神」に奉仕する「僧侶」の立場にある。彼らの本来の役割は、神が突き進んでゆく道の途中にある「岩石」や「茨《いばら》」を取り除く作業員に他ならない。岩石とは「平等」の原理に反する制度であり、茨とは「自由」の道に外れる法律のことを指す。だが彼らは岩石も茨も取り除かず、むしろ自分自身が岩石や茨になってしまったのだ。

ここからいえるのは、政治的進化の神は、たとえどれだけ流血の惨事があろうとも、自由と平等に向かって突き進む存在だということである。本来、二人の王に課せられた役割は、いかにして事前に岩石や茨を取り払うかであった。フランス革命の際、

「フランス全土は戦場と化した。このようにさせたのは、はたして進化の神の罪なのだろうか。はたまた進化教という宗教に仕える僧侶の罪なのか。」（二七頁）と洋学紳士は述べて、惨劇の原因について明言を避けている。ただ、洋学紳士が主張しているのは、政治的進化の神は、戦争や革命など眼前の武力衝突などお構いなく、一貫して自由と平等、すなわち理念的目標を目指す存在だということである。

そして人間はこの神に仕えたとき、はじめて目の前の社会に岩石が転がり、茨で覆われている事実に気づき、取り除こうとする意志が生まれる。時代状況への埋没を免れるのだ。残念ながらチャールズ一世やルイ一六世は、時代のなかに埋没してしまい、岩石や茨の存在自体に気づくことがなかった。そこを岩石や茨を蹴散《けち》らしながら、政治的進化の神が無理矢理通ってゆこうとする。それは惨劇多き人類の歴史の象徴である。

要するに、近視眼的であるかぎり、人間は利害対立による武力衝突を止めることができない。またその武力衝突の原因となっている、制度や法の不当性に気づくこともできない。ではどうすれば現状の諸問題に気づくことができるのか。そして、改革しようとする気概をもつことができるのか。

洋学紳士の考えによれば、政治的理念をもつことが、人間に長期的視野で物事を俯《ふ》瞰《かん》することを可能とし、現状の矛盾を発見する精神的余裕を与えてくれる。この役割を象徴するのが、政治的進化の神なのであり、政治家は神へ奉仕することによって、長期的な政治の展望をもつべきだというのである。

以上の洋学紳士の政治思想は、しばしば豪傑の客との対比で、理想主義の立場を代表するとされる。しかし以上の考察から明らかなように、洋学紳士の関心は、現実と理想主義的理念との間の鋭い緊張関係にむけられている。洋学紳士は決して現実を度外視して理想のみを謳《うた》っているわけではないのだ。

現実に埋没するかぎり、国家間の軋轢と衝突は避けることができない。軍事力が弱小の国家は、強国の実効支配や価値観を受け入れざるを得ない。そのとき、理想主義的理念の存在を認めることは、原理原則を現実よりも上位に置いて、国家間が交渉することを可能にする。たとえ目の前の現実は実効支配を受けていたとしても、原理原則からすれば、それを認めることはできない。したがって、ここからは、強国と弱小国との間に、双方の妥協点を見いだすための対話が生まれる。すなわちそれこそが外交というものに他ならない。洋学紳士の理想主義には、「外交とは何か」という、今日にまで通じる論点が隠されているのである。

＊

以上の理念への絶対的信念は、豪傑の客からの質問にたいする反論にあきらかだ。洋学紳士にたいし豪傑の客が割って入り、「紳士君が弱小諸国に速やかに民主制になり、また即刻軍備を撤退させようと勧めるのは、ひそかにアメリカ、フランスなどの民主国家が弱小国の志をよしとし、行動を稀なことだとして、助けてくれることを願っているという意味ですか。」（六一頁）と反論する。これは幕末期の日本で、幕府側にはフランスが、新政府側にはイギリスが、それぞれ後ろ盾となっていた事実を想起させる。豪傑の客は現実の政治力学を念頭に、以上のような質問をしたわけだ。これにたいし、洋学紳士は「偶然の幸運」という言葉を用いて、国家の大事を大国の思惑に左右されながら維持するのが目的ではないといい返す。アメリカやフランスが支持してくれるのか、あるいはロシア、イギリス、ドイツがそうしてくれるのか。それはすべて相手側の意志にしたがうことにすぎない。「僕は道理と正義だけを見ているのです。」（六二頁）。

この態度は、洋学紳士の特徴であるとともに、兆民自身の思想にも直結しているといってよい。例えば坂本多加雄は、兆民の有名な「日本に哲学なし」という言葉の「哲学」の意味に注目し、次のように述べている——「この、後の人々によってしばしば引かれることになる言葉で兆民が問題にしようとしていたことは、わが国に苛烈な宗教抗争がなかったこと、あるいは版籍奉還や廃藩置県が何ら抵抗なく行われたこと、あるいは、文明開化以降、伝統的風俗を一変して憚らず洋風に改めるといった事態であり、……兆民が『哲学』という言葉に託したのは、原理的なるもの……外界の状況の変化に容易に左右されないような自己固有の信念を保持することだったのである」(以上、「中江兆民『三酔人経綸問答』再読」、『日本は自らの来歴を語りうるか』所収)。

ここでの「哲学」という概念は、洋学紳士の理想主義、すなわち道理と正義への信頼とほぼおなじことを指しているはずである。理想主義は、外交で対話を可能にするだけでなく、現状の変化を無条件に受け入れ、批判精神をもたない日本人への痛烈な批判を宿している。日本人に大国の思惑に左右などされない、強靭《きょうじん》な自立心を求めている。この自立心の要請は、兆民にとって「自由」とは何かという問題に深くかかわる。

例えば、洋学紳士は究極の目標である民主制度の前段階として、立憲制度の存在に注目している。世界史は専制制度↓立憲制度↓民主制度の順番で進んでいくのであり、立憲制度の段階で実現されているのは、自由と平等のうち自由の側だけであると洋学紳士は考えている。

自由は、あらゆる社会を進化させるための「酵母」のような役割を果たしている。

岩石や茨とは、万人が自由と平等を享受できる理想状態を阻害する制度や法であるわけだが、そもそもあまりにも長期にわたって、こうした制度や法に縛られた生活をしていると、その矛盾や問題点にすら気づかなくなる。貴族制度や奴隷制度の不平等を当然とみなし、疑問を感じることすらできなくなる。なかでも洋学紳士が最も恐れ具体例として挙げるのは、意外なことに西欧の政治制度ではなく、中国古代の「君臣の義」なのである（三〇頁）。

洋学紳士によれば、君臣関係は、君主からの慈愛心と臣下の恩義の心によって結びつきあっている。慈愛心と恩義の心が増えれば増えるほど、上下の交流はますます強固なものになってゆく。ここで兆民は、洋学紳士に、君臣の義がきわめてうまく成り立ち、ある種の平和な統治が行われている状態について次のようにいわせている。

するとさらに恐るべき大きな病理が生じるのを目撃することになります。何かと言うと、人びとは仕事をして生計をたて、その幾分かを政府にわたし、これで国家への義務は全部肩の荷をおろしてしまう。政治に無関心になり、学者は文章を飾ることを考えるだけ、芸術家はただ技術を巧みにすることだけ、農工商人は利益を増やすことだけを思うようになり、そのほかに何の関心もない。そうして脳髄の働きが次第に萎縮《いしゅく》してしまい、五尺の体は単なる飯袋にすぎなくなってしまう。つまり学者の文章、芸術家の作品、農工商人のなりわいも、結局は前に言った桶の底の沈澱物となって、生気はないし変化もなく、国家全体がモゾモゾ、ヌメヌメした肉の塊りになるだけのことです。（三一―三二頁）

君臣の義が理想的な統治をした場合、その国には平和が訪れるだろう。しかし洋学紳士はそれをよしとしないのである。先のヨーロッパの事例でいえば、実際とは異なるものの、チャールズ一世とルイ一六世だけが岩石と茨の存在に気づき、政治的進化の神に奉仕する善政を行っている状態である。しかし二人の君主だけでは、岩石と茨の存在には気づけても、それを取り除くことはできない。なぜなら岩石と茨を取り除くには、より多くの人間の気づきが必要になるからだ。立憲制度から民主制度へ移行するためには、君臣の義のようなあり方は克服されねばならない。

中国古代の君臣の義が、君子をのぞくあらゆる階級の人びとの不平不満を解消した結果、「政治的に無関心」になっていることに注目してほしい。この精神状態を、洋学紳士は、自由とは明確に区別している。引用部分につづけて洋学紳士は、「自分自身の主人」という重要な言葉をつかって、自由のイメージを語ろうとしている。ここでの自由とは、あくまでも政治的自由であり、物質的豊かさを享受する経済的自由を意味しない。いかなる他者からも支配されない精神の主人であることは、それに応分の義務、すなわち政治への関心を人びとにつよく求める。岩石や茨、すなわち制度や法の矛盾に絶えず注目しつづけるためには、「酵母」である自由が人びとに必要なのだ。

ここで想起できるのは、洋学紳士がその表面上の欧風にもかかわらず、きわめて武士的気質に近い心情の持ち主だったということである。自由とは何かをめぐって、洋学紳士が何より「卑屈」を嫌い、役人官僚に向かって「自尊の気概も自重の意志」もないことを糾弾し、さらに「人びとの心を高尚にさせること」を主張するとき、同時代の福澤諭吉と、ほぼおなじ人間像を理想としていることに気づかされるのである。

例えば福澤が『文明論之概略』のなかで西洋文明の必要性を訴え、その特質を「智」の働きにあると指摘したことはよく知られている。その福澤が勝海舟と榎本武揚《えのもとたけあき》にたいし、意見具申をかねて書いた「瘠我慢《やせがまん》の説」という論評がある。そこで福澤は、明治維新の際、幕府家臣の一部の者が早い段階で抵抗を諦《あきら》め講和に応じたことに疑問を示している。そのうえで、国家を維持するためには、たとえ敵に勝算なき場合でも、勝敗が決するまでは抵抗すべきこと、すなわち「瘠我慢」こそが、国民の気力を涵養《かんよう》するのだと主張したのである。

ここには、軍事力の力関係から現状を安易に受け入れ、強国の実効支配を認める現実主義への批判がこめられている。ヨーロッパを見ても、弱小国であるオランダやベルギーがフランスやドイツといった大国に併呑《へいどん》されずに独立を維持できているのは「小国の瘠我慢」によるものであり、日本の場合、これは三河《みかわ》武士などの「士風の美」によって維持されてきた。智の働きを背後から支え、自国の独立を維持する原動力は、実に士族の貴族精神だったのである。

以上の福澤の抵抗の精神の発見は、兆民が「日本に哲学なし」といったことに深く関連している。兆民が版籍奉還や廃藩置県の際に、無抵抗だった日本人を指して哲学の不在といったように、福澤は、瘠我慢をしない日本人にたいして、三河武士以来の抵抗の精神を発揮せよ、と叱咤《しった》激励しているのである。

兆民が描く洋学紳士は、理想主義を掲げることで、弱小国に生き残りの道を指し示した。一方の福澤は、士族の美風による瘠我慢こそが、弱小国の生存戦略であると主張した。洋学紳士の理想主義の背後に、卑屈を嫌う高尚な精神があることを考えれば、洋学紳士と福澤の人間像にはほとんど違いは存在しない。それは民主制度を支える根本精神である。「自分自身の主人」あるいは「士風の美」は、当時求められていた日本人像の典型例だったわけである。

Ⅲ　豪傑の客と文明

次に、豪傑の客の論理を探ってみよう。豪傑の客は剛腕で羽織袴《はかま》に身を包んだ壮士風のいでたち、冒険心と野心に満ち、死を賭《と》して名を残そうとする人物である。しかしその論理は、冷静な時代洞察と鋭い自己分析を含んでいる。ロシア、イギリス、フランスが列強として鎬《しのぎ》を削り、ロシアが南下政策でトルコと朝鮮半島を併呑しようとしている。世界は海でも陸でも、外へ外へと自己を拡張しようとする時代なのである。

学問が頭脳の内部で真理を探究し、壮大な理想主義を思い描いたとしても、商人が巨万の利益を目指して世界に勇躍することも、結局は勝敗を決する楽しみに興じているだけだと豪傑の客はいう。ならば学者肌の洋学紳士も、自分の戦好きもおなじことではないか。学問も戦争も、自己を拡張しようとする営みだからである。兵士の肉体的苦痛などというものは、勝敗が醸す誘惑、武者震いで乗り越えられるものではないか――「戦は勇気を素とし、勇気は根源的な活動力を素にしています。両軍まさに衝突しようとする時、気は狂わんばかり、勇気は沸騰せんばかり。別世界、新境地です。

苦痛など何もありません。」(六八頁)。

以上のような壮大な気質を抱く豪傑の客は、きわめて鋭い二つの時代洞察を行う。第一に、小国日本が大国になる方法を模索、提案していることである。先に見たように、洋学紳士の場合、小国日本があくまでも小国であり続けることを前提に、理想主義が提案されていた。たいする豪傑の客の場合、小国は大国へと変化すべき存在なのである。豪傑の客は具体的には現在の中国大陸を念頭に、広大で資源豊富な大国が空白地帯として放りだされたままだという。この大国を占領し、三分の一でも構わないからわが物とすること、新しい国家を築き移住することこそ、日本の大国化戦略だと主張するのである。

新しい大地に兵士も商人も農民も学者も移住させ、豊富な人口と財源をつかい、教化政策をほどこす。その結果、大国となった暁には、もとの小国など棄ててしまえばよい、あるいはロシアでもイギリスでも欲しい国にあげてしまえばよい。いや、それよりは洋学紳士のような民主主義者にあげてしまおう。天皇陛下はすでにわれわれと一緒に大国に移動していただいている。小国に残されている天皇陵については、まさか民主主義者も悪く取り扱うことはないだろう……。

以上からわかるように、豪傑の客はその冒険的性格、さらに国家戦略上からも対外進出論者である。国内の自由民権を進めるにしても、まずもって対外進出の国権論を優先すべきだというのだ。そしてこの外征論に基づいて、豪傑の客に独自の時代洞察と鋭い自己批評が、酒の勢いに乗って展開されるのである。

豪傑の客によれば、文明の途上にある国には、必ず昔を好む者と新しもの好きの二種類の人間がいるという。昔好きは、新しいスタイル、流行を軽薄だと見なし嫌悪する。一方の新しもの好きは、古いものを腐食とみなし拒む。彼らはおよそ年齢と土地柄の違いでわけられる。三〇歳以上——『三酔人経綸問答』が書かれた明治二〇年を基準にすれば、維新以前に生まれた者——で、地方住まいの者は昔好きになるのにたいし、維新以後に生まれ都市部に住む者は新しもの好きになる傾向がある。なぜなら都市部は交通の要所であり、多くの新しい情報に接する機会が多く、刺激的な場所だからだ。また明治一〇年代、日本を席捲《せっけん》した欧化主義の風潮、文明開化の色調のなかで自己形成を遂げた若い世代こそ、新しもの好きになるというわけである。

興味深いのは、この二つの分類が国内社会をみる新たな視点を用意することである。明治維新以降の日本国内は、明治新政府が主に薩長藩閥関係者で構成されたこともあり、政府と在野の対立関係がはっきりしていた。自由民権運動の要求が、新政府から漏れた士族たちによる、自分たちの発言の機会を求めるものだった事実は、政府V.S在野という分類を象徴している。と同時に、官と民の対立、学者と芸術家、農工業者と商人といった分類が可能であると豪傑の客はいう。以上の分類によって国内社会を理解する視座となすわけだが、そこに新たに加わったのが、昔好きV.S新しもの好きという対立項なのである。これが第二の時代洞察にかかわってくる。

この視点から見た場合、当時日本に導入された「自由主義」を、従来とは異なり次のように斬新《ざんしん》に解釈することが可能となる。

普通、自由主義の反対は保守主義ということになるであろう。昔好きは保守主義であり、新しもの好きが自由主義者のように思える。だが豪傑の客によれば、そのような常識は間違っている。なぜなら自由主義の内部で、昔好きと新しもの好きそれぞれの自由観があるからだ。例えば、昔好きにとって、自由とは何ものにも拘束されない奔放な行動の自由をさす。彼らがフランス革命の歴史を読むと、立法議会や人権宣言など、およそ制度や権利にかんする部分には関心を示さない。ロベスピエールやダントンらが躍動し、血で血を洗う殺戮《さつりく》の描写に切歯扼腕《やくわん》、興奮を隠せないのである。

豪傑の客にも潜んでいるこうした昔好きの心情。これを「政治とは何か」という観点から肯定的に評価したのが坂本多加雄である。坂本の場合、昔好きが求める自由を、予想不可能な異常事態、つまり例外状態にたいして果敢に挑む心情であると理解している。例えばマキャヴェリの政治概念「ヴィルトゥ」とは、美徳とも男性らしさとも訳すことが可能な言葉だが、この言葉は、見通しが困難で不安定な政治状況を前にして、暴力の行使も辞さず、果敢な決断と行動によって社会秩序を取り戻す政治的力量のことを指すとされる。

このマキャヴェリの概念を参照すれば、豪傑の客が主張する自由、すなわち奔放な自由もまた、次のように肯定的に解釈することが可能になるだろう――「『豪傑の客』が戦争の場面を想定して述べた『是れ別天地なり是れ新境界なり』という言葉は、より普遍的なレベルで了解すれば、不確実にして危険に満ちているが故に、人々に日常のルーティンの生活には見られない新たな緊張を強い、まさにそのことで『気』や『勇』としての『自由』の力量を発揮させるような局面の魅力を語ったものなのである」（前掲坂本論文）。

だが、坂本の肯定的な評価とは別に、兆民にはこの自由がもつ限界が見えていた。昔好きの連中が三〇歳以上、すなわち幕末期の動乱を知る者たちであることが重要である。彼らには武士の血がいまだに滾《たぎ》っている。「その後、自由民権の学説が海外から伝わると、彼らは一気に心うばわれ、あらゆるところで結集して党旗をたてて、かつての武士は一変して堂々たる文明の政治家となった。」（八二頁）。もちろん兆民はここで、豪傑の客の口を借りて皮肉をいっているのである。

昔好きは保守主義どころではない、その逆であり、自由主義のなかに自分たちの気力を奮い立たせる気分を読み込んでいる。兆民自身が実際にかかわりをもった自由民権運動が、「士族民権」と呼ばれたことを思いだせば、豪傑の客の昔好きの分析にその特徴が反映されていることは一目瞭然《りょうぜん》であろう。「文明の政治家」の衣を被《かぶ》った自由民権論者は、その後ろに幕末の刀を隠しもっていた。現状否定と激しい改革志向を、豪傑の客は警戒感をもって次のように描く。

ただひたすら改革したいのです。善悪いずれも改革することをよしとし、破壊を好む。勇ましく思えるからです。一方で建設を嫌うのは、臆病に似ているからです。最も臆病に思えて嫌いなのが、保守することです。　（八三頁）

一方で、新しもの好きにとっての自由主義は、むしろ保守的である。全体を丁寧に見渡し分析を怠らず、フランス革命の制度や人権宣言といった結果に注目するからである。

ここまできて、多くの読者は「東洋のルソー」兆民が、豪傑の客をつかいつつ、民権の過激性を警戒し、一方で新しもの好きに保守的な性格を読み取り肯定していることに驚くのではないか。

明治新政府に対抗し、広く国民世論を求める運動として、これまで自由民権運動は評価されてきた。その観点から見るかぎり、以上の豪傑の客の主張は理解しがたいものになるだろう。あるいは、兆民自身の主張ではないということにされてしまう。また坂本の議論にしたがえば、豪傑の客たちがもつ「気」「勇」を肯定的に評価することもできる。

しかし読み取るべきなのは、兆民がそもそも理学（哲学）の人だということである。多くのフランス文献の翻訳を行うなかで、西洋の制度や人権概念の導入に興味を抱いていた思想家であり、革命の動乱や流血にロマン的心情を掻《か》き立てられていたわけではない。兆民の後半生が、自由党や立憲改進党など野党の分裂と混乱を必死で収拾した調整役だったことを思いだしてほしい。兆民はあくまでも冷静な理論を吸収し、その実現を求めた思想家だった。

＊

ところで、改めて重要な視点は、自由主義をめぐり昔好き＝革新的・破壊的と、新しもの好き＝保守的というこの逆説こそが、当時の日本を分析する最も鋭利な武器になるということである。先に政府と在野、官と民、学者と芸術家、農工業者と商人という対立した図式があるといったが、より根本的なのが「昔好きV.S新しもの好き図式」なのである。

この図式から見た場合、当時の日本にとって最大の課題とは何か。豪傑の客によれば、小国が大国化するために、二者のうち、いずれかを必ず除去しなければならないことである。

この豪傑の客の分析は、鋭利な刃物として自分自身に向けられる。豪傑の客のような気質の人間、昔好きタイプこそ、時代から退場すべきだと自己分析するのである。先に洋学紳士が、ヨーロッパよりもむしろアジアの君臣関係に注目し、現在の日本の病理を「政治への無関心」と自立心の欠如に求めていたことを確認した。そこから政治家は理想を掲げ、しかも、時代と場所をつねに考慮にいれ、政治手法を変えねばならないという主張がでてきた。洋学紳士とは正反対の性格に見える豪傑の客もまた、ヨーロッパとアジアの違いに注目し処方箋《せん》を描く。昔好き型の人間を「癌」であると批判し除去すべきと提案するのも、それが今、アジア諸国においては必要だからである。

では、どのような方法で昔好きは除去できるのだろうか。そして日本の大国化は可能なのか。豪傑の客がだした処方箋は、昔好きの日本人を糾合し、例の空白の大陸へ勇躍するという劇薬であった。戦争に駆り立てて動員し、戦争に勝てばその土地を占領し、「一種の癌社会」を築く。失敗したなら異国の地に屍《しかばね》をさらし、異国の地にその名を遺《のこ》そう。成功しようが失敗しようが、国のために癌を切り取る効果は得られるはずであり、一挙両得の策に違いないのだ。

そしてもし、貧国を富国にすることができた場合、巨額の金をだして文明の成果を買収し西洋諸国と覇権を争う大国をめざす。昔好きの連中は文明国になるための新しい企画を妨害する存在なので、消えてもらうのがよいのだ――。

以上の一気呵成《かせい》な豪傑の客の論理は、自己抹殺の衝動をともないつつ、二つの決定的な論点を含んでいる。

第一に、豪傑の客の論理が兆民自身の「国民同盟会」への活動動機とほぼおなじ論理で構成されていることである。「中江兆民入門」で見たように、国民同盟会は対ロシア強硬派の団体であり、対外進出の野心を秘めていた。幸徳秋水が非戦論の立場から兆民に問い質した際、ロシアと戦争をした場合、もし勝てば東洋の大陸に勇躍し、アジアの平和に関わることができること、もし敗れた場合、伊藤博文率いる立憲政友会を打倒するきっかけ、藩閥政治を改めるチャンスになるだろうというのが兆民の論理であった。

こうした対外進出のはじまりは、しばしば明治六年の征韓論であるとされ、実際、豪傑の客のモデルは西郷隆盛ではないかともいわれている。西郷を敬愛した兆民であってみれば、十分に対外進出＝豪傑の客＝西郷＝兆民という等式も成り立つように見える。だがしかし、豪傑の客の論理には西郷隆盛とは決定的に異なる点が存在する。

それは「文明」を金で買うことができるという考えである。西郷はその著名な『南洲翁遺訓』第八条のなかで、およそ豪傑の客とは異なる文明観を披瀝している。もし広く各国の制度を採用し、開明に進もうとするならば、まずわが国の国柄を定め、徳の教えをしっかりと据えることである。そうしてから徐々に各国の長所を取り入れるべきなのだ。そうせずに、何でも模倣してしまうと、日本の国体は衰退し、徳の教えは衰え、最終的には西洋の支配を受けることになるだろうと述べている。

つまり、西洋文明を採用するにあたって、なにより大事なのは日本の国家としての価値観であり、国家像の自己確認なのである。文明を採用するには、取捨選択の順位付けが必要である。そのためにはそもそも、価値観がなければ分類も判断もできない。何よりも必要なのは国柄、自己像の確認なのである。

だから西郷は、つづく第九条で「忠孝仁愛」という儒教《じゅきょう》的徳目をあげ、これが政治の大本であり、天地自然の普遍的価値だから洋の東西の別はないと主張する。さらに第十条では、次のように、金で買える文明をはっきりと批判することになるのだ。

人間の知恵を開発するということは、国を愛し、君に忠誠を尽くし、親に孝行する心を開くことなのだ。国に尽くし、家を治めととのえる道が明らかであれば、すべての事業は前進するだろう。見聞を広めるのだといって、電信線をかけ、鉄道を敷設し、蒸気機関車をつくる。こうして人の注目を集めても、どうして電信・鉄道が必要なのかを考えもしないで、やたらと外国の巨大な繁栄を羨《うらや》む。また、なぜ日本にとって必要なのかを考えもせずに、家屋の作り方からおもちゃに至るまで、一つひとつ外国に見習って、贅沢《ぜいたく》の風潮を助長する、こうして財政を浪費するならば、国力は疲弊し、人心は軽佻浮薄《けいちょうふはく》になり、結局日本は今の世代で滅びてしまうだろう。　　（猪飼隆明訳・一部改変）

電信線も鉄道も蒸気機関車もすべて金銭で購入し、移植することができるものである。だが必要な精神は、「なぜ日本にとって必要なのか」という問いかけなのだ。こうした西郷の主張は、福澤諭吉『学問のすすめ』にも同様の記述を見いだすことができるものである（同書第五編参照）。

そしてここから、第二の論点を導きだすことができる。それは豪傑の客と洋学紳士には、過去を否定するという共通の傾向がみられるということである。

豪傑の客は小国を大国にすべしという際、現在の日本列島から大陸に移住する計画をかかげていた。天皇陵を置き去りにし、民主主義者にお任せするという発言は、新大陸で新たな国家形成を行うべきだという主張につながっている。自らを癌として否定しつつも、新たに建設される新大陸国家は財力も人口も十分に西洋列強に伍《ご》することができる「ある種の癌社会」として、繁栄することを目指すものなのである。

そのうえで、豪傑の客は残された日本列島にできる民主主義国家が、洋学紳士の理想とする国家になることも肯定的に認めている。両者は、戦争の絶対否定と絶対肯定という違いがあるにもかかわらず、過去を否定し、未来の「進化の神」が理想社会をつくるべきだと信じているのである。

洋学紳士の場合、理想世界を一気呵成に語り、その美しさに魅了され、現在の世界に現出することを願う。すなわち過去も現在も、戦争を中心に展開される外交にたいして、否定的である。たいする豪傑の客は、戦争と移住という非常手段で、理想世界の大国をつくろうとする。小国時代の過去を否定するものの、戦争は不可避の現実だと考えている以上、ある種の現実主義者ということになるだろう。

Ⅳ　南海先生とは何者か

では南海先生とは何者なのか。

南海先生にとって、両者の意見はともに「現実的」ではない。南海先生の評価によれば、洋学紳士は「進化の神」について誤解している。なぜなら本来、「進化の神は、天下で最も多情、多愛、多嗜《たし》、多欲」であるにもかかわらず、直線コースを辿《たど》って民主化へ突き進んでいこうとしているからである。具体的にいえば、トルコ、ペルシアといった途上地域でいきなり民主制を打ち立てたとしても、かえって大騒乱を引き起こし、流血の惨事を招いてしまう。専制から立憲制へそして民主制へと段階的に進んでいくべきなのに、一気に制度を変えると大惨事になる。なぜなら、多くの人びとが皇帝や公爵の存在を自明としている時代に、たった数人の正義感から民主制を導入したとしても、ついていくことができず、混乱を助長するからだ。

南海先生によれば、今、眼の前にある社会秩序は、実は過去の遺産からつくられたものである。かつて、新しい社会像が考えだされた時点では、その思想は少数の頭脳のなかだけにあった理想像にすぎない。それが人びとの脳内に定着するには時間がかかる。いいかえれば、思想は過去のものにならなければならない。新たな社会像を生みだした人は、その時代を代表する思想家と呼ばれ、歴史に名を遺すことができるだろう。しかしその思想が現実に実行されるためには、時間の風雪に耐える必要があるのである。

にもかかわらず、学者や思想家は自分一個の脳内図式を、すぐに現実化しようとする。社会全体の流れに逆らってでも実行を目指し、人びとがついてこられない場合、思想よりも現実（人びと）の側に問題があると見なす。しかし、「これでは思想的専制です。進化の神は喜びませんし、学者は自戒すべきです。」（一〇三頁）。

この盲進の傾向は、洋学紳士だけでなく豪傑の客の大国化論も同様である。もし豪傑の客が進出すべきと主張する大陸がアジアである場合、軽々しく進出を口にすべきでない。莫大《ばくだい》な人口は巨大市場を予想させ、将来の販路になるだろう。そのとき、現時点での国威発揚の気分から、些細《ささい》な言葉の食い違いを名目に対外進出を叫ぶのは、最低の戦略にほかならない。戦争を過剰に好むのは「神経症」的な不安に煽《あお》られているからで、軍艦を建造し、アジアを荒らしまわろうとする対外進出論もまた、極端な頭脳内部の思い込みであり実現不可能だ——。

以上の南海先生の「現実主義」は、三つの重要な論点を抉りだす。第一が歴史哲学の問題であり、第二が自由と専制の問題であり、そして第三は恐怖というものへの着目である。

第一の問題から見てみよう。洋学紳士と南海先生の歴史観をめぐる対立は、人間と合理性との間のするどい緊張関係にかかわっている。洋学紳士は、歴史を直線的に把握しようとする。夥《おびただ》しい数の侵略と戦争、和睦《わぼく》と平和が歴史上くり返されてきたわけだが、この個々バラバラの史実にたいし、一つの一貫した流れ、物語をつくることを洋学紳士は目指している。すべての事件が民主制にむかう流れにあるという歴史観、すなわち単線的で合理主義的な歴史観なのである。

合理主義の何が問題なのか。そこから逸脱する事例は排除し、歴史の物語から抹殺するからである。これがいかに恐ろしいかは、例えば独裁者が誕生した場合、その独裁者に都合のよい歴史的事実だけに基づく合理的歴史観が公認され、敵対した陣営への虐殺そのほかの事実が抹殺されてきたことからもわかるだろう。独裁制と民主制が、いかに正反対の史観に見えようとも、自らが正しいと考える視点からのみ直線的に描かれる歴史観は必ず、非合理な史実、不都合な事実を抹殺することになる。

この点を南海先生は見抜いたうえで、「進化の神」は合理的ではないと強調しているのである。進化の神を多情、多愛、多嗜、多欲と呼んで「多」という言葉を重ねて強調している点は重要であってつまり南海先生にとって、歴史とは非合理をふくんだ多様性に満ちたものなのであり、複数の歴史観があることを認めるべきだというのだ。

以上の南海先生の歴史哲学は、例えば後にF・A・ハイエクによって主張された計画主義批判に深くかかわる哲学である。ハイエクが分析対象にしたのは、二〇世紀初頭の西洋諸国だが、そこでは自由や権利にたいする意識が芽生えると同時に、合理主義と理性への過剰な信頼が生まれてしまったと指摘されている。人間の理性を信じるとは、人間が経済や政治システムを計画的につくり、完全にコントロールできるとみなし、中央集権化することである。さらに理性への信頼は、自分が合理的に考えた末には、必ず「真理」に到達できるという過信を生みだす。ここでハイエクが強調しているのは、理性とは自己過信の別名にほかならず、合理的に世界を説明などできないということ、また真理とは自己絶対化のいいかえにすぎないということである。

彼が社会主義や共産主義にたいして一貫して批判的であり、自由主義を擁護したのも、この観点からである。南海先生の言葉でいえば、自由主義は、社会が多情、多愛、多嗜、多欲によって構成されていることを認める。人間の理性の限界を受け入れ、多様性と非合理性に満ちていることを認めるのだ。また自分が真理を握りしめ、絶対に正しい判断をしていると考えない謙虚さも自由主義のものである。そして次に引用するように、ハイエクの多様性への信頼と、人間を超えた宗教的なるものへの謙虚さは、そのまま中江兆民の歴史哲学と「進化の神」への態度を髣髴とさせるものである。

何百万人もの人々の福祉や幸福は、ただ単一の物差しで多い少ないと量れるものではない。一人の人間の幸福がそうであるように、人々の福祉も、無限の組み合わせ方で存在するきわめて多くの事柄に依存している。（『隷属への道』）

決定的に大切なことは、細かい働きが誰にも理解できないような諸力に身を任せなければならないということを、合理的に理解することはきわめて困難だということである。それよりはむしろ宗教や経済的教義への尊敬から生まれる、謙虚な畏敬の念に従うことはずっとたやすいものである。（前掲書）

もちろん、兆民研究の専門家から見れば、晩年の兆民が特に宗教的なものを認めず、自身を唯物論者とみなしていたことは有名である（『一年有半《いちねんゆうはん》』）。しかしここで強調しておきたいのは、兆民が南海先生の演説をつうじて、人間が傲慢《ごうまん》に歴史を動かすことを戒めている点である。

以上のハイエクの指摘は、第二の論点、すなわち自由と専制にかかわってくる。南海先生によれば、進化の神が最も憎むのは、「時と場所」を知らずに実行しようとする人間の態度である。その危険性が最も高いのは、学者と思想家、すなわち洋学紳士をふくむ知識人たちなのだ。なぜなら知識人とは、社会の理想像を描くと、それをすぐさま現実化しないと気が済まなくなる。つまり未来の歴史は自己の理想から一直線に形成されると考えるのだ。たとえ自由という、すべての人びとが無条件で正しいと考える世界でも、それを「時と場所」を無視して実現しようとすれば、自由という名の専制政治が生まれる。自由を絶対善、無条件で受け入れるべき普遍的価値だと考えた瞬間、その「普遍性」は人びとに自由を強制する暴力と化す。受け入れを拒絶する人間を粛清することもありうるし、その粛清の歴史を抹殺すれば、民主制が目指す最終目標は、多様性の排除の後の理想世界として出来上がることになるのである。

専制を最も嫌った思想の中から専制が生まれてしまうのだ。

とりわけ南海先生が警告を発しているのが、いわゆる前衛主義である。少数の者たちが夢見る理想社会を一気に達成しようと進めてゆく、その前衛性こそ批判されねばならない。トルコやペルシアを具体例にとり、一気に社会秩序を変えることを戒めるなかから、『三酔人経綸問答』で最も有名な議論のひとつ、「恩賜的民権」と「回復的民権」の議論がでてくることになる。

南海先生の口を借りて兆民が主張しているのは、民権には二種類が存在し、その二種類自体には、善し悪しの別はないということである。時の政治権力から与えられる、上からの権利のことを「恩賜的民権」と呼ぶ。一方で人びとが自らの手で獲得した権利を「回復的民権」という。ここで回復的民権を絶対自明の善だと見なし、性急に求めすぎる時、自由の専制が生まれてしまうのだ。

従来の研究では、ともすれば自由民権運動も、明治藩閥政府にたいする急進的権利獲得運動、ここでいう回復的民権の運動として理想視されることが多かった。ただ南海先生すなわち兆民の意見は、それとは異なるものである。回復的民権それ自体が善なのではない。同時に恩賜的民権が必ずしも悪なわけでもない。恩賜的民権から回復的民権に、急激かつ革命的に移行しないことが善なのである。進化の神が望んでいるのは、合理的直線的に理想を目指すのではなく、漸進的に進んでいくことなのであって、この漸進的速度こそが「正しい」あり方なのである。

先にハイエクの思想のなかに、自己絶対化への懐疑を確認したが、兆民もまた前衛主義に取りつかれた少数の人間が、計画的に社会をつくろうとする焦燥を批判している。しかも兆民の場合、ハイエクが擁護した自由主義それ自体のなかにさえ、自由を専制へと転換してしまう危険を読み取っているのである。

＊

そして第三の「恐怖」にまつわる論点がでてくる。非合理を重んじる南海先生は、国家をきわめて複雑な構造をもつ人間集団と理解する。一個人と国家が異なるのは、一個人であれば軽率に喧嘩《けんか》ができるとしても、国家の場合、開戦にあたっては君主も宰相も官僚も議院も新聞もまずは激しく議論をする。また外交では勢力均衡主義や万国公法があって、各国を拘束している。こうした様々な制約が開戦をしにくくしている以上、洋学紳士の民主制の強調も、豪傑の客の侵略主義も、ヨーロッパ列強の情勢を過大に評価した「思い込み」にすぎない。

こうした南海先生の演説にたいし、当然、洋学紳士も豪傑の客も不満を隠せず、問い詰めることになる。では先生は列強がわが国を襲ってきた場合、どうするつもりなのですか、と。

南海先生の意見は専守防衛というものであった。アジアの大国について、わが国との長い歴史から、彼の国は恨みを晴らそうと考えているに違いない、チャンスさえあれば列強と共謀するに違いないという論者がいる。だが先生はこの意見を認めない。大概、国家同士の緊張関係は、事実に基づくのではなくデマから始まる。相手の国の野心を疑い、デマから憶測を逞《たくま》しくし「神経症」になることから戦争は始まるのだ。青色の眼鏡をつければ、世界は青く見える。いいかえれば、相手が開戦をしかけてくると思えば、すべての相手の行動は開戦準備に見えるのだ。この間の事情について、南海先生は人間精神の内面、すなわち「恐怖」について語りだすことになる。

よって、両国が開戦するのは、互いに戦争好きだからではなくて、まさに戦争を恐れているがためなのです。こちらが相手を恐れるので急に兵を整える。すると相手も又こちらを恐れ、いきなり兵を整える。両者の神経症は日ごとにはげしさを増し、さらに新聞なるものがある。新聞は各国の実情とデマを並立に掲載して区別しない。ひどくなるとノイローゼ症状の記事を書いて、一種異様な色つきの記事を世間に伝えてしまうわけです。（一〇九―一一〇頁）

ここには外交とは何かについての徹底した洞察が働いている。究極の外交手段は戦争である。戦争が始まる論理と心理を、双方の内面の動きから抉《えぐ》りだしてきているのだ。

例えば国際政治学者の高坂正堯《こうさかまさたか》は、古典的名著『国際政治』において、第一次世界大戦後の世界秩序の考察を行っている。第一次世界大戦以前は、兆民も言及している「勢力均衡」が外交の原則であり、各国の力と力がするどい緊張のもとに、何とか均衡を保つことを目指していた。その意味で外交はつねに、不安定性を抱えていたのである。

一方、大戦後の外交は「普遍的な秩序」を目指すようになった。アメリカの平和外交であれ共産主義のイデオロギーであれ、表面上はすべての人びとを魅了する普遍的理念によって、外交を推進しようとしたのである。しかし南海先生がすでに指摘したように、自らの価値観を普遍的に正しいと主張することは暴力と専制を生みだす。なぜなら普遍的価値観を受け入れない相手国は悪とされ、排除のための暴力を正当化するからだ。「したがって、平和について語ることは、その人の主観的意思にかかわらず、権力闘争と無関係ではありえない」（以上、『国際政治』）。

なかでも、高坂の現実主義が精彩を放つのは、核戦争をめぐる議論においてである。もしすべての国がすべての核兵器を破壊したとしよう。でも有効な管理機関が存在しなければ、ある国が他国を出し抜いて核爆弾をもつことによって、瞬時に世界を軍事的に制圧できる。いや、実際には持たなくてもよいのだ。持ったという印象を相手国に与えるだけで、それは脅威になりうる。ある国が核兵器を開発していると思うこと、この精神の動揺が平和を乱すのに十分だということに、高坂は注目をうながす。

そして次のような事例を挙げながら、「恐怖」という人間心理に踏み込む。恐怖から外交を説き明かそうとするのである。

具体的には次のようなものだ。ここにあまりお互いに好意を持たない二人の人間がいるとする。それぞれピストルを持ち、部屋に閉じ込められている。この場合、互いに相手がピストルを同時に窓の外に投げだせば、殺し合いが防げることは知っている。

しかし、その方法は容易ではないのだ。こちらが先にピストルを投げだせば、相手は約束を破ってピストルを投げださずに安全を得られるかもしれない。同時に投げると約束しても、相手は信頼できないかもしれない。あるいは相手はポケットに、もう一つ別のピストルを隠しているかもしれない。そして重要なのは、相手もまたこちら側にたいして、おなじ恐怖を感じているということなのだ。

軍備縮小の困難は、以上のささやかな事例で説明できる。そして高坂が軍事力というものの本質を、「軍備が緊張を作っているのではなくて、その逆、つまり緊張が軍備を必要としているのである」と指摘するとき、この核軍縮をめぐる発言は、ほとんど明治二〇年の南海先生の人間洞察につながっているのである。恐怖という人間の宿業が、相手にたいする誇大妄想を次々と生みだし、ピストルの引き金を引かせてしまう。相手を色眼鏡で見てしまうと、すべての動きが疑いを誘う。それが良くないことだとわかっているにもかかわらず、未来を予見する理性の能力ゆえに、人間は互いにピストルを投げだすことができないのである。

そして驚くべきことに、高坂自身が『三酔人経綸問答』から南海先生の言葉を引用したうえで、次のように語っているのである。非武装中立を説く洋学紳士と、弱小国を征服することを説く豪傑の客の議論にたいし、南海先生は至極平凡な現実主義を解決策として語った。大事なのは、核兵器が登場した高坂の時代には、多くの識者の意見が「軍備なき平和」と「力による平和」の両極端――すなわち洋学紳士か豪傑の客のいずれか――に走ったことにある。豪傑の客に近い立場にたてば、核兵器による全世界の破壊に近づいてしまう。一方で洋学紳士のように絶対平和論を唱えたとしても、核戦争を回避することはできない。いずれの立場にたっても、平和と秩序を維持することは困難なのだ。このとき、一見きわめて凡庸に見える南海先生の主張が、実は両極端に引き裂かれた苦悩を背負いながら発せられた均衡論であること、いかに緊張感に溢れた発言であるかがわかるのだ。

核兵器という大量殺戮兵器を前に、人は両極端の意見に流れやすい。しかしそれでは実際には、平和を達成することはできない。このジレンマの境界線上を生きるとき、南海先生の発言が生きてくる。

この緊張感こそ、中江兆民が誰よりも背負いつづけた立場だったのである。

参考文献

葦津珍彦「明治思想史における右翼と左翼の源流」、『武士道』所収、神社新報社、二〇〇二年

飛鳥井雅道『中江兆民』吉川弘文館、一九九九年

木下順二、江藤文夫編『中江兆民の世界』筑摩書房、一九七七年

高坂正堯『国際政治 改版 恐怖と希望』中公新書、二〇一七年

幸徳秋水『兆民先生 兆民先生行状記』岩波書店、一九六〇年

小林和幸『谷干城』中公新書、二〇一一年

坂本多加雄『日本は自らの来歴を語りうるか』筑摩書房、一九九四年

坂本多加雄『近代日本精神史論』講談社学術文庫、一九九六年

坂本多加雄『日本の近代2 1871〜1890 明治国家の建設』、中央公論社、一九九九年

谷川恵一「中江兆民『三酔人経綸問答』稿本について」、人間文化研究機構国文学研究資料館『調査研究報告』三七号、二〇一七年三月

中村雄二郎『近代日本における制度と思想』未来社、一九九九年
F・A・ハイエク『隷属への道』（西山千明 訳）春秋社、一九九二年
土方和雄『中江兆民』東京大学出版会、二〇〇七年
松永昌三『福沢諭吉と中江兆民』中公新書、二〇〇一年
松永昌三『中江兆民評伝（上）（下）』岩波現代文庫、二〇一五年
宮村治雄『理学者　兆民』みすず書房、一九八九年
米原謙『日本近代思想と中江兆民』新評論、一九八六年

底本中には、現代では差別的と考えられる「形體的不具」「精神的不具」「癲狂國」のような語句、「阿非利加種族或は人肉を食とする者有り」といった事実に反する表現があります。

また「屠斬」「斬屠」「屠場と爲らしむる」といった表現は、屠場や屠畜に対する偏見にもとづく差別的なものです。これらの根深い偏見によって関係者は理不尽な差別にさらされてきました。底本が執筆された明治時代のみならず、屠場や屠畜に対する偏見や差別は、今なお存続しています。これらの表現は、根深い偏見や差別を容認、助長しかねないものであり、今日の社会常識・人権意識に照らして不適切な語句・表現であると考えます。

編集部は一切の差別に与しません。しかし、底本の近代日本政治思想における古典としての位置付けを踏まえるとともに、当時の歴史的状況およびその状況における著者の記述を正しく理解するためにも、底本の記述を尊重しました。


（編集部）

ビギナーズ 日本《にほん》の思想《しそう》

三《さん》酔《すい》人《じん》経《けい》綸《りん》問《もん》答《どう》

中《なか》江《え》兆民《ちょうみん》　先《せん》崎《ざき》彰《あき》容《なか》＝訳・解説

令和3年 12月25日　初版発行
令和6年 2月15日　3版発行

発行者●山下直久

発行●株式会社KADOKAWA
〒102-8177　東京都千代田区富士見2-13-3
電話　0570-002-301（ナビダイヤル）

角川文庫 22974

印刷所●株式会社KADOKAWA
製本所●株式会社KADOKAWA

表紙画●和田三造

●お問い合わせ
https://www.kadokawa.co.jp/（「お問い合わせ」へお進みください）
※内容によっては、お答えできない場合があります。
※サポートは日本国内のみとさせていただきます。
※Japanese text only

ISBN 978-4-04-400669-3　C0110

◆◇◇

角川文庫発刊に際して

角川源義

第二次世界大戦の敗北は、軍事力の敗北であった以上に、私たちの若い文化力の敗退であった。私たちの文化が戦争に対して如何に無力であり、単なるあだ花に過ぎなかったかを、私たちは身を以て体験し痛感した。西洋近代文化の摂取にとって、明治以後八十年の歳月は決して短かすぎたとは言えない。にもかかわらず、近代文化の伝統を確立し、自由な批判と柔軟な良識に富む文化層として自らを形成することに私たちは失敗して来た。そしてこれは、各層への文化の普及滲透を任務とする出版人の責任でもあった。

一九四五年以来、私たちは再び振出しに戻り、第一歩から踏み出すことを余儀なくされた。これは大きな不幸ではあるが、反面、これまでの混沌・未熟・歪曲の中にあった我が国の文化に秩序と確たる基礎を齎らすためには絶好の機会でもある。角川書店は、このような祖国の文化的危機にあたり、微力をも顧みず再建の礎石たるべき抱負と決意とをもって出発したが、ここに創立以来の念願を果すべく角川文庫を発刊する。これまで刊行されたあらゆる全集叢書文庫類の長所と短所とを検討し、古今東西の不朽の典籍を、良心的編集のもとに、廉価に、そして書架にふさわしい美本として、多くのひとびとに提供しようとする。しかし私たちは徒らに百科全書的な知識のジレッタントを作ることを目的とせず、あくまで祖国の文化に秩序と再建への道を示し、この文庫を角川書店の栄ある事業として、今後永久に継続発展せしめ、学芸と教養との殿堂として大成せんことを期したい。多くの読書子の愛情ある忠言と支持とによって、この希望と抱負とを完遂せしめられんことを願う。

一九四九年五月三日

角川ソフィア文庫ベストセラー

ビギナーズ 日本の思想
新訳 茶の本
岡倉天心
大久保喬樹＝訳

『茶の本』（全訳）と『東洋の理想』（抄訳）を、読みやすい訳文と解説で読む！ ロマンチックで波乱に富んだ生涯を、エピソードと証言で綴った読み物風伝記も付載。天心の思想と人物が理解できる入門書。

ビギナーズ 日本の思想
福沢諭吉「学問のすすめ」
福沢諭吉
佐藤きむ＝訳
解説／坂井達朗

国際社会にふさわしい人間となるために学問をしよう！ 維新直後の明治の人々を励ます福沢のことばは現代にも生きている。現代語訳と解説で福沢の生き方と思想が身近な存在になる。略年表、読書案内付き。

ビギナーズ 日本の思想
新版 南洲翁遺訓
西郷隆盛
訳・解説／猪飼隆明

明治新政府への批判を込め、国家や為政者のあるべき姿と社会で活躍する心構えを説いた遺訓を、原文、現代語訳、くわしい解説で丁寧に読みとく。生き生きとした西郷の言葉と人生を読む！ 略年譜・読書案内付き。

ビギナーズ 日本の思想
空海「三《さん》教《ごう》指《しい》帰《き》」
空海
加藤純隆・加藤精一＝訳

日本に真言密教をもたらした空海が、渡唐前の青年時代に著した名著。放蕩息子に儒者・道士・仏教者がそれぞれ説得を試みるという設定で各宗教の優劣を論じ、仏教こそが最高の道であると導く情熱の書。

ビギナーズ 日本の思想
道元「典《てん》座《ぞ》教《きょう》訓《くん》」
禅の食事と心
道元
訳・解説／藤井宗哲

食と仏道を同じレベルで語った『典座教訓』を、建長寺をはじめ、長く禅寺の典座（てんぞ／禅寺の食事係）を勧めた訳者自らの体験をもとに読み解く。禅の精神を日常の言葉で語り、禅の核心に迫る名著に肉迫。

角川ソフィア文庫ベストセラー

ビギナーズ 日本の思想
空海「秘《ひ》蔵《ぞう》宝《ほう》鑰《やく》」
こころの底を知る手引き

空　海
加藤純隆・加藤精一＝訳

『三教指帰』で仏教の思想が最高であると宣言した空海は、多様化する仏教の中での最高のものを、心の発達段階として究明する。思想家空海の真髄を示す、集大成の名著。詳しい訳文でその醍醐味を味わう。

ビギナーズ 日本の思想
日蓮「立正安国論」「開目抄」

日　蓮
編／小松邦彰

蒙古襲来を予見し国難回避を論した「立正安国論」、柱となり眼目となり大船となって日本を救おうと宣言する「開目抄」。混迷する日本を救済しようとした日蓮が、強烈な信念で書き上げた二大代表作。

茶の湯名言集

田中仙堂

珠光・千利休・小堀遠州・松平定信・井伊直弼――。一流の茶人は一流の文化人であり、人間を深く見つめる目を持っていた。茶の達人たちが残した言葉から、人間関係の機微、人間観察、自己修養などを学ぶ。

ビギナーズ 日本の思想
九鬼周造「いきの構造」

九鬼周造
編／大久保喬樹

恋愛のテクニックが江戸好みの美意識「いき」を生んだ――。日本文化論の傑作を平易な話し言葉にし、各章ごとに内容を要約。異端の哲学者・九鬼周造の波乱に富んだ人生遍歴と、思想の本質に迫る入門書。

ビギナーズ 日本の思想
空海「般《はん》若《にゃ》心経《しんぎょう》秘《ひ》鍵《けん》」

空　海
編／加藤精一

宗派や時代を超えて愛誦される「般若心経」。人々の幸せを願い続けた空海は、最晩年にその本質を〈こころ〉で読み解き、後世への希望として記した。名言や逸話とともに、空海思想の集大成をわかりやすく読む。